Jean Pütz · Ellen Norten

Das Hobbythek-Katzenbuch

Tips und Rezepte für gesundes Futter und natürliche Pflege

vgs

Die Deutsche Bibliothek – CIP-Einheitsaufnahme

Norten, Ellen:
Das Hobbythek-Katzenbuch : Tips und Rezepte für gesundes Futter und natürliche Pflege /
Ellen Norten ; Jean Pütz. – 1. Aufl. – Köln : vgs, 1997
(Hobbythek)
ISBN 3-8025-6207-0

Die Vorschläge und Rezepte in diesem Buch sind von Autoren und Verlag nach bestem Wissen und Gewissen sorgfältig erwogen und geprüft, die Informationen stellen aber keinen Ersatz für medizinische Betreuung jeglicher Art dar. Autoren und Verlag sowie ihre Beauftragten übernehmen keine Haftung für etwaige Personen-, Sach- oder Vermögensschäden, die sich aus dem Gebrauch oder Mißbrauch der in diesem Buch dargestellten Methoden ergeben.

Bildquellen:

S. 9, 15, 25, 28, 34, 35, 36, 60: Monika Kuhlmann, Herborn. S. 10, 13, 14, 20, 21, 23, 24, 27, 29, 30, 39, 43, 62, 68, 76, 80, 83, 87, 89: Gisela Caspersen, Hamburg. S. 12: Mauritius, Mittenwald (Reinhard). S. 16: mit freundlicher Genehmigung des Verlages Eugen Ulmer, Stuttgart, aus: Jean-Paul Maas, „120 Katzen – Rassen und Farbschläge“. S. 17, 19, 22, 31, 33, 38, 40, 69 Juniors Bildarchiv, Senden (S. 17: U. Schanz, S. 19: H. Botzenhardt, S. 22: N. Kolmikow, S. 31, S. 38. M. Wegler, S. 33. W. Rohdich, S. 40: R. Köpfle, S. 69: B. Spreckels). S. 18: Elke Schäfer, Osnabrück. S. 32: Ellen Norten, Bonn. S. 37: mit freundlicher Genehmigung der EFFEM GmbH, Verden. S. 42: mit freundlicher Genehmigung der Spillers Latz GmbH, Euskirchen.
Alle übrigen Fotos: Cornelis Gollhardt, Köln, und Stephan Wieland, Düsseldorf.

1. Auflage 1997

Umschlagfoto: Bavaria Bildagentur, München (Taubenberger)
Umschlaggestaltung: KOMBO Kommunikationsdesign GmbH, Köln
Redaktion: Martina Weihe-Reckewitz
Produktion: Wolfgang Arntz
Gesamtherstellung: Universitätsdruckerei H. Stürtz AG, Würzburg
Gedruckt auf chlorfrei gebleichtem Papier
Printed in Germany
ISBN 3-8025-6207-0
Besuchen Sie unsere Homepage im WWW, http://www.vgs.de

Inhalt

Liebe Leserinnen und Leser,

nur einmal in 23 Jahren hat sich die Hobbythek unseren Haustieren gewidmet, und dieses Ereignis datiert schon in die Anfänge der Sendung zurück, in der wir uns mit Aquarienfischen beschäftigt haben. Erstaunlich, werden Sie möglicherweise denken, ist doch der Umgang mit Tieren rein zum Spaß ein verbreitetes Hobby in unserer Wohlstandsgesellschaft geworden.
Nun, wir haben uns bewußt zurückgehalten, denn Tiere bedürfen mehr als nur unsere Liebe, wenn sie in engen Wohnungen gehalten werden. Wir wollten nicht auch noch dazu beitragen, daß Tiere zu reinen Spielobjekten degenerieren, denn erfahrungsgemäß werden viele Zuschauer durch solche Fernsehsendungen dazu animiert, sich ein Tier – sei es eine Katze, ein Hund, Meerschweinchen, Ratten, Vögel aller Art, Reptilien und vielerlei andere Exoten – zuzulegen. Dabei machen sie sich keine Gedanken darüber, daß jeweils ein erheblicher Sachverstand und Zeitaufwand erforderlich ist, damit diesen Tieren – wenn überhaupt – artgerechte Verhältnisse geboten werden können. Auch die Kosten sollten nicht unterschätzt werden, und so ist es kein Wunder, daß viele dieser überstürzt angeschafften Tiere sozusagen „weggeworfen" werden, wenn sich erste Probleme einstellen. Die Tierheime können davon ein Liedchen singen, insbesondere nach Weihnachten und vor der Urlaubszeit.
Nachdem es aber in den letzten fünf Jahren zu einer wahren Inflation von Haustiersendungen gekommen ist, fühlt sich die Hobbythek nun auch verpflichtet, sich diesem Thema zu stellen, unter anderem weil wir das Feld nicht kampflos den großen, weltweit operierenden Tiernahrungskonzernen überlassen wollen, die bei den privaten Fernsehanstalten so manche Tiersendung sponsern. Bei der Hobbythek befinden Sie sich dagegen garantiert in einem sponserfreien Umfeld, uns leiten nur Interessen, die dem Wohl der Tiere dienen. Es fällt uns schwer zu beobachten, daß viele der liebenswürdigen Gefährten des Menschen schon im Babyalter auf Nahrung der Großkonzerne getrimmt werden, mit Geschmacksaromen, die zu einer lebenslangen „Kundenbindung" führen.
Die emotionale Beziehung zu Tieren haben mir letztlich erst die Katzen erschlossen. In unserer Familie war es stets Tradition, auch eine Katze zu halten. Insgesamt waren es zwei, mit denen ich groß wurde, das heißt bis ich mit 18 Jahren das Elternhaus verließ, um in Köln mit dem Studium zu beginnen. Die erste hieß Sömmy, ein kluger Kater, der der Katzen-King der Machergasse in meiner Heimatstadt Remich an der Luxemburger Mosel war. Er wurde leider im Alter von acht Jahren von einem Auto überfahren, und ich litt wochenlang unter dem Verlust. Vielleicht ist das einer der Gründe, daß ich später in meinem eigenen Haushalt keine Tiere mehr gehalten habe. Nach Sömmys Tod kam Micky, ebenfalls ein Kater, den meine Eltern allerdings

kastrieren ließen, um ihn in seinen Aktivitäten zu bremsen. Zunächst – als Kind – wußte ich gar nicht, was ihm da geschah. Erst später stellte ich meine Eltern deswegen zur Rede. Aber immerhin schien die Kastration einer der Gründe zu sein, daß Micky ein nahezu biblisches Katzenalter erreichte.

Soweit meine persönlichen Erfahrungen mit Katzen. Dies würde aber bei weitem nicht ausreichen, um ein qualifiziertes Buch darüber zu schreiben. Deshalb habe ich mich der Mitarbeit einer exzellenten Wissenschaftsjournalistin versichert, die schon lange die Hobbythek mitgestaltet. Es ist Ellen Norten, ihres Zeichens Doktorin der Biologie mit Schwerpunkt Bekämpfung von Parasiten mit natürlichen Mitteln. Sie ist auch deshalb dafür qualifiziert, weil sie selbst eine Katzennärrin ist, wie Sie am folgenden Text immer wieder merken werden. Sie könnte sich jedenfalls ein Leben ohne Katzen kaum vorstellen.

Das hält aber auch sie nicht ab, den heutigen Umgang mit Stubentigern kritisch zu sehen. So ist an der Behauptung, daß manche Menschen ihre Katze häufiger streicheln als ihren Partner, sicher etwas Wahres dran. Viele einsame, oft alte Menschen haben außer ihrem Haustier überhaupt keinen Freund mehr. Das ist ein Problem, das wir als Gesellschaft nicht einfach so hinnehmen sollten. Sicher ist es für viele Menschen gut, wenn sie einen tierischen Freund haben. Dieser sollte jedoch nicht die Menschenfreunde ersetzen, sondern sie ergänzen.

Was unseren modernen „Katzenkult" angeht, so dürfte es für die Bewohner der armen Länder unserer Welt wohl schwer zu akzeptieren sein, daß unseren Haustieren eine weitaus bessere medizinische Versorgung und Ernährung zur Verfügung steht als den Menschen dort. Dies ist allerdings ein politisches Problem. Es ist grausam und ungerecht, doch wir werden, wenn wir unserer Haustiere schlechter versorgen, den Menschen der sogenannten „Dritten" Welt damit nicht helfen können. Hier sind andere Maßnahmen gefragt, wie zum Beispiel TransFair-Initiativen. Die Hobbythek hat sich in der Vergangenheit immer wieder darum bemüht, Rohstoffe und Produkte zu unterstützen, deren Verkauf den Menschen der armen Länder zugute kommt. Dies gilt zum Beispiel für Kaffee, Nüsse oder für die Rohstoffe aus dem Niembaum, die Sie auch zum Wohl Ihrer Katze einsetzen können (siehe *Seite 73, 77, 81*). Auch *Gummi arabicum* darf dazu gezählt werden, der schonende Ballaststoff aus afrikanischen Akazien.

Alles in allem werden wir in unserem Buch die modernsten wissenschaftlichen Erkenntnisse berücksichtigen, sowohl was die Verhaltensforschung von Katzen als Abkömmlinge der Raubtiere anbelangt, als auch was Tiermedizin und Ernährungsforschung betrifft.

Wie immer bei der Hobbythek ist dieses Buch auch aus einer gewissen Teamarbeit entstanden, und deshalb gilt zunächst unser Dank Kordula Werner und Christina Bittner für die tatkräftige Unterstützung bei der Entwicklung der Rezepte. Unseren Dank auch an Dr. Jürgen Zentek vom Institut für Tierernährung der Tierärztlichen Hochschule Hannover, Dr. Christoph Persin, Immunologe aus Langen, sowie an Dr. Thomas Anger aus Bonn.

Und dann sind da natürlich noch unsere vierbeinigen Freunde, angefangen von den Katern Tilman, Merlin, Felix, Sepp bis hin zu den Katzen Miez, Mops und Mikesch und vielen anderen Katzen von Freunden und Bekannten, die sich freiwillig bereit erklärt haben, unsere Rezepte zu testen und zu optimieren.

Nun wünsche ich Ihnen viel Spaß mit den Ratschlägen unseren Buches, vielleicht tragen wir dazu bei, Ihre Katzen in einem ganz anderen Licht zu sehen.

Ihr

Viele Wege führen zur eigenen Katze

Zu der Zeit, als ich, Ellen Norten, noch eine junge Studentin war, bat mich unser Nachbar eines Abends mit verschwörerischer Miene, ihn in den Keller zu begleiten. Ich war allein zu Haus, der Nachbar auch, und sein Ansinnen erschien mir äußerst merkwürdig. Im Keller warte eine Überraschung auf mich, versprach er und grinste mich dabei vielversprechend an. Beherzt stieg ich in den Keller hinab und erwartete alles mögliche – nicht zuletzt von seiten des Nachbarn –, doch dann kam alles ganz anders.
Im Keller saß eine Katze mit drei winzigen Jungen. Die Augen des Nachbarn leuchteten, und er zeigte mir vorsichtig die kleine Familie. Dann rückte er mit seinem Ansinnen heraus: Die Katze sei zugelaufen, die Jungen brauchten Abnehmer, und mein Freund und ich

Abb. 1: Wer kann einer solchen niedlichen Familie schon widerstehen?

hätten doch sicher Spaß an so einem herzigen Geschöpf. Natürlich war ich schon überzeugt. Mein Freund, dem ich wenig später freudestrahlend den Vorschlag machte, eine kleine Katze aufzunehmen, leider nicht.

Futterkosten, Tierarztkosten, nicht zuletzt die Verantwortung, die der Halter für ein Tier übernimmt, waren seine strikten Gegenargumente. Also griff ich zur Strategie des Nachbarn. Wir gingen in den Keller. Das erste Kätzchen schnurrte laut auf, als er es hochnahm. Auch die zweite Katze schmeichelte und schmuste mit ihm, konnte jedoch sein Herz nicht erweichen. Das dritte Tier war weniger zärtlich. Mit den winzigen Krallen brachte es meinem Freund gleich mehrere Kratzer bei, zum krönenden Abschluß biß es ihn nach Leibeskräften in den Finger. Damit hatte es nicht nur den Finger, sondern auch sein Herz erobert. Mina zog bei uns ein, lebte über dreizehn Jahre in unserem Haushalt und hat ihre Kratzbürstigkeit, bei allem Charme, den sie entwickelte, zeitlebens beibehalten.

Abb. 2: Gerade für einsame und ältere Menschen sind Katzen heutzutage manchmal die einzigen, aber zuverlässigen Freunde.

Die Wege, wie man an eine Katze kommt, sind sehr unterschiedlich. Oft werden über Freunde, Bekannte oder Bekannte von Bekannten Katzen angeboten oder vermittelt. Das „freudige" Ereignis bei der eigenen Katze ist meist nicht geplant und so müssen händeringend Abnehmer gefunden werden. Wer eine Katze haben möchte und sich selbst ein wenig umhört, stößt oft schon bald auf eine heiße Spur.

Und es gibt natürlich auch die Möglichkeit, eine Katze aus dem Tierheim zu holen oder in einer Zoohandlung zu kaufen. In beiden Fällen entstehen nur geringe Kosten. Anders ist dies bei Rassekatzen. Hier werden ohne Zögern auch vierstellige Summen vom Züchter verlangt, wenn die Katzen die von den Züchterverbänden geforderten Standards erfüllen.

Die Katze und ihr Mensch

Menschen, die noch relativ naturnah in einem Dorf aufgewachsen sind, empfinden die moderne Katzenhaltung oft als übertrieben, unnatürlich und dekadent. Auf dem Bauernhof geht es schließlich ganz anders zu. Hier geht die Katze ihrer „natürlichen" Bestimmung nach: Sie fängt Mäuse. Als Dank dafür erhält sie eine Unterkunft in der Scheune, eine Schutzimpfung ist im „Preis" meist schon nicht mehr inbegriffen. Stirbt die Katze, so wird ihr Platz schnell von den eigenen Jungen, anderen Hofkatzen oder Streunern eingenommen.

Eine Hauskatze lebt natürlich ganz anders. Sie wird gefüttert, geimpft, tierärztlich versorgt, gepflegt, umhegt und geliebt. Im Vergleich zur Bauernhofkatze ist dies sicher unnatürlich – doch was ist in unserer modernen Gesellschaft nicht unnatürlich? Unsere Gärten sind Kunstbiotope: Hochhäuser, Mietskasernen und Betonklötze entsprechen sicher nicht mehr den natürlichen Lebensumständen des Menschen. Die Katze bringt ein bißchen Natur in unsere moderne Welt zurück, auch wenn sie sich dabei an diese Lebensumstände anpassen muß.

Gerade für einsame, oft ältere Menschen bedeutet sie häufig die einzige Gesellschaft und Abwechslung. In den letzten Jahren haben Experten den Einfluß von Haustieren auf alte Menschen untersucht. Sie konnten nachweisen, was den meisten Laien ohnehin wahrscheinlich erschien: Ein Haustier wirkt belebend – auch und vor allem auf alte und einsame Menschen. Leider erlauben die meisten Altersheime bis heute die Tierhaltung nicht. Mittlerweile gibt es jedoch eine größere Zahl von Heimen, die Tiere nicht nur dulden, sondern sogar gern sehen. Sie übernehmen auch die Weitervermittlung eines Tiers, wenn der Tierhalter es selbst nicht mehr versorgen kann oder stirbt. Die Adressen von solchen Heimen werden über den Bundesverband Tierschutz e.V., Walpurgisstr. 40, 47441 Moers mitgeteilt.

Allergien auf Katzen

Es gibt allerdings auch Menschen, die reagieren buchstäblich allergisch auf Katzen. Es sind die Katzenhaare, genauer gesagt der Katzenspeichel, der an den Katzenhaaren hängt, die die Allergie verursachen. Leider entstehen solche Allergien oft erst im Laufe der Zeit. Desensibilisierungen reichen meist nicht soweit, daß der Mensch wieder problemlos mit seiner Katze zusammenleben kann. Dann hilft allein die Trennung von Tier und Mensch. Tierschutzverbände versuchen in solchen Fällen, die Katze an andere Haushalte zu vermitteln.

Kleine Katzengeschichte

Die Falbkatze – Mutter aller Hauskatzen

Wer einmal die verschiedenen Rassekatzen und Hauskatzen miteinander verglichen hat, kann sich kaum vorstellen, daß diese unterschiedlich aussehenden Tiere die gleichen Vorfahren haben, nämlich die ägyptische Falbkatze. Diese gelblich-braunen Kleinkatzen leben auch heute noch in der nubischen Wüste.
Schon zur Zeit der Pharaonen haben sich einige Tiere freiwillig an den Menschen angeschlossen – aus gutem Grund: Während die Jagd in der Halbwüste für die Falbkatzen anstrengend

Abb. 1: Alle Katzenrassen, so unterschiedlich sie auch erscheinen mögen, stammen von der ägyptischen Falbkatze ab.

Abb. 2: Wegen ihrer oft geheimnisvollen Erscheinung wurden schwarze Katzen vielfach als Unglücksbringer angesehen.

war und nur wenig Beute einbrachte, waren die Kornspeicher der alten Ägypter für sie ein wahres Schlaraffenland. Dort lebten nämlich Tausende von Mäusen und ernährten sich von den Vorräten, die eigentlich für die Menschen bestimmt waren. Kein Wunder, daß die Ägypter die Katzen in den Getreidespeichern schätzen lernten. Später begannen sie sogar, die Tiere in Form der Katzengöttin Bastet zu verehren. Es gab einen ganzen Katzenkult, bei dem Katzen einbalsamiert und als Mumien erhalten wurden. Einige dieser Mumien haben bis heute überdauert und können zum Beispiel im Ägyptischen Museum auf der Museumsinsel in Berlin angesehen werden.

„Dreimal schwarzer Kater"

Katzen wurden in der Geschichte längst nicht immer so hoch geschätzt wie bei den alten Ägyptern. Im Mittelalter wurden sie von religiösen Eiferern verfolgt, gefoltert und getötet, denn die Tiere wurden mit Hexenkulten in Verbindung gebracht. Kräuterweiblein, denen übersinnliche Kräfte unterstellt wurden, mußten oft gemeinsam mit ihrem Haustier den Feuertod erleiden.

Heute erinnert noch der Zauberspruch: „Abrakadabra, dreimal schwarzer Kater" an den Zusammenhang zwischen Katze und Magie. Auch die Hexe im Märchen wird gern mit einer Katze auf der Schulter dargestellt. Der gute Ruf der Katze ist selbst in unserem aufgeklärten Zeitalter noch nicht völlig wiederhergestellt. Ein Aberglaube besagt, daß demjenigen, dem eine schwarze Katze über den Weg läuft, ein Unheil widerfährt. Wer selbst eine schwarze Katze besitzt, kann jedoch bezeugen, daß dies natürlich völliger Blödsinn ist – aber ein alter Aberglaube läßt sich nur schwer wieder entkräften.

Katzen auf dem Vormarsch

Die vielen Katzenbesitzer heutzutage zeugen jedoch dafür, daß solcher Aberglaube in unserer Gesellschaft wohl doch nicht mehr ganz ernst genommen wird. In den letzten Jahren hat die Katze einen wahren Siegeszug angetreten. Während viele Jahre der Hund das beliebteste Haustier war, hat die Katze ihm heute den Rang abgelaufen. Schätzungen zufolge leben sechs Millionen Katzen in deutschen Haushalten, dagegen gibt es „nur" fünf Millionen Hunde.

Abb. 3: Beim Siegeszug der Katze als beliebtestes Haustier spielen viele Gründe eine Rolle: Sie sind in Wohnungen zu halten, können auch allein bleiben und selbständig „Gassi gehen".

Für den Vormarsch der Katze spielen sicher eine Menge Gründe eine Rolle. Hunde benötigen in der Regel mehr Platz als Katzen. Ein Schäferhund in einer kleinen Etagenwohnung ist schon fast Tierquälerei. Eine Katze kann sich dagegen mit diesem Raumangebot durchaus noch wohl fühlen. Der Hund muß regelmäßig Gassi gehen, die Katze benutzt (hoffentlich!) ihre eigene Toilette, und die steht in der Wohnung. Katzen können den ganzen Tag allein gelassen werden, vorausgesetzt, sie haben freien Zugang nach draußen oder sie leben zu zweit. Ein Hund könnte ein solches Leben nicht ertragen. In unserer modernen Gesellschaft, in der immer mehr Singlehaushalte mit kleinen Wohnungen entstehen und die Menschen den ganzen Tag berufstätig sind, scheint die Katze zum idealen Hausgenossen zu werden. Die Hundesteuer, die gern als Argument gegen den Hund und für die Katze angeführt wird, hat sicher keine so große Bedeutung. Für ihren vierbeinigen Liebling ist vielen Menschen nämlich nichts zu teuer.

Übrigens sind die Katzen nicht nur den Hunden in Deutschland zahlenmäßig überlegen, sondern auch den Vögeln, von denen 5,4 Millionen bei uns in Käfigen oder Volieren leben, den Kleintieren wie Hamster, Meerschweinchen und Kaninchen, von denen es insgesamt 3,8 Millionen Tiere gibt, und sogar den Fischen. (Natürlich kennt niemand die exakte Zahl der Zierfische, sondern hier kann lediglich die Zahl der Aquarien mit 3,1 Millionen angegeben werden.)

Welche Katze soll es sein?

Geduld für die Gesundheit

Viele Katzen werden bereits im zarten Alter von sechs Wochen aus dem Haus gegeben. Die Kätzchen finden sich in diesem Alter in der neuen Umgebung zwar zurecht, sie entbehren jedoch die Geborgenheit des eigenen Nestes, die Mutterliebe und die auch schon mal strenge Erziehung dort. Außerdem fehlt den Kleinen von Stund an die Muttermilch mit ihren schützenden Antikörpern. Viele Katzenwaisen entwickeln jetzt erst einmal einen Katzenschnupfen (siehe *Seite 79*), wenn nicht Schlimmeres.

Abb. 1: Schon mit sechs Wochen oder früher können kleine Katzen den Kontakt zu Menschen aufnehmen. Aber erst nach etwa zwölf Wochen sollten sie endgültig von ihrer Mutter getrennt werden.

Natürlich sind sechs Wochen alte Katzen noch niedlicher als ältere, doch der Preis, den die Kleinen für ihre allzu frühe Selbständigkeit zahlen müssen, ist leider oft sehr hoch. Die Tiere neigen zu Wohnungsneurosen, die sich zum Beispiel in mangelnder Stubenreinheit niederschlagen. In diesem Fall zahlt auch der Katzenhalter den Preis für seine Ungeduld. Unsere Katze Martha wurde uns im zarten Alter von 5½ Wochen übergeben. Leider wußten wir es damals nicht besser und gingen auf das Angebot ein. Martha wurde eine äußerst liebesbedürftige, anschmiegsame Katze – nicht nur Katern gegenüber. Leider war sie aber auch extrem unrein, man konnte sich des Eindrucks nicht erwehren, daß sie gar nicht richtig gelernt hatte, wo das kleine Geschäft erledigt werden sollte.

Zwar sollte ein Katzenkind mit sechs Wochen noch nicht von der Mutter getrennt werden, doch es kann, ja sollte, bereits Kontakt zum Menschen aufnehmen. Zu dieser Zeit sind die Welpen noch völlig unbedarft, sie haben weder Angst noch Eigenarten. Katzen, die jetzt keine Menschen kennenlernen, werden scheu. Endgültig sollte man die Kleinen allerdings erst mit zwölf Wochen von der Mutter trennen.
Es gibt einige Dinge, die unbedingt vorhanden sein müssen, wenn eine Katze einzieht. Dazu zählen Trinkschüssel und Freßnapf, eine Katzentoilette und ein Transportgefäß für das Tier. Eine Faustregel sagt, daß man das kräftigste Tier aus einem Wurf wählen sollte. Kleine schwächliche Katzen rühren vielleicht stärker das Herz, später jedoch oft das Portemonnaie. Denn sie können ihr ganzes Leben lang anfälliger für Krankheiten sein und müssen öfter einen Tierarzt aufsuchen. Die meisten (zukünftigen) Tierhalter lassen solche Vernunftsargumente jedoch selten gelten, sondern entscheiden sich für ein Tier ihres Geschmacks.

Felix oder Felicitas – der kleine Unterschied

Wer ein Tier bei sich aufnehmen möchte, der steht vor der schwierigen Frage: Katze oder Kater? Meist sind in einem Wurf mehr Kater als Katzen vorhanden. Kater sind als erwachsene Tiere etwas rauflustiger, Katzen in der Regel etwas verschmuster – aber eben nicht immer: So mancher Kater ist eine wahre Schmusebacke, während die ein oder andere Katze gern spielt, jagt und sogar ein wenig rauft.
Leider sehen sich Kater und Katze im Alter von zwölf Wochen noch sehr ähnlich. Die Hoden, die später als kleine Bällchen deutlich sichtbar werden, sind noch nicht zu erkennen, der kleine Penis ist ebenfalls verborgen. Statt dessen sieht man unter dem After bei Weibchen und Männchen ein Loch. Zum Bestimmen des Geschlechts ist es sinnvoll, die Form des Lochs und den Abstand zum After zu vergleichen. Ist das Loch spaltförmig und nahe am After, so handelt es sich um eine Katze. Ein wei-

Abb. 2: Bei Katzenkindern sind die Geschlechter nur schwer zu unterscheiden: Die Öffnung unter dem After liegt bei Katern (links) etwas tiefer als bei Weibchen (rechts).

ter vom After entferntes rundes Loch, in dem sich vielleicht der kleine Penis entdecken läßt, weist einen Kater aus. Um sicherzugehen, sollten Sie die Geschlechtsöffnungen der Tiere vorsichtig auseinanderziehen und miteinander vergleichen. Kater mit dem Namen „Susi" oder „Lola" beweisen, daß eine solche Untersuchung die Frage nach dem Geschlecht nicht immer geklärt hat.

Das genetische Mosaik

Erna ist eine Katzendame, und das kann man schon auf den ersten Blick erkennen – aber nicht am wohlgerundeten Bauch einer trächtigen Katze oder ein paar maunzenden Katzenjungen. Erna ist schlicht an ihrem Fell zu erkennen. Dieses zeigt gleich drei unterschiedliche Farben: weiße, schwarze und drittens noch rote Farbbereiche. Diese Dreifarbigkeit verrät Erna, denn ein Kater kann sich maximal zwei Farben leisten.

Abb. 3: Dreifarbige Katzen sind fast immer weibliche Tiere. Bei Katern kommt diese Fellfärbung nur bei einem seltenen Gendefekt vor.

Der Grund dafür liegt in den Erbanlagen, den Chromosomen, der Katzentiere. Genau wie beim Menschen unterscheiden sich auch bei den Katzen männliche und weibliche Tiere in ihren Geschlechtschromosomen: Katzen haben eine XX-, Kater eine XY-Kombination. Einige Erbinformationen für die Fellfarbe liegen auf den beiden weiblichen X-Chromosomen. Nun kann es aber bei einer Katze sein, daß Schwarz auf dem einen X-Chromosom liegt und Rot auf dem anderen. Sichtbar wird genau die Fellfarbe, die sich auf dem gerade aktiven weiblichen Chromosom befindet. Bei schwarzen Fellbereichen arbeitet das eine, bei den roten Flecken ist dagegen das andere X-Chromosom aktiv. Unabhängig davon wird die weiße Fellfarbe zusätzlich über andere Chromosomen „normal" vererbt. Die Katze ist dreifarbig gescheckt.

Der Wissenschaftler spricht hier von einem genetischen Mosaik, über das auch einfarbige Katzen verfügen, nur eben unsichtbar. Nur durch einen Zufall zeigen uns die dreifarbigen Katzen ihr genetisches Mosaik.
Bei Katern ist die Kombination drei verschiedener Farben wegen des kürzeren, nicht „voll" mit Farbgenen ausgestatteten Y-Chromosoms nicht möglich. Doch keine Regel ohne Ausnahme. Auch bei Katzen gibt es Erbkrankheiten

oder genetische Störungen bei der Ei- oder Samenproduktion. Wenn das überzählige Chromosom bei einem Kater ein X ist, dann hat auch er neben seinem Y-Chromosom zwei X-Chromosomen und kann so, wie Erna, sein dreifarbiges Fell bilden. Bei ihm ist dies allerdings das Zeichen einer genetischen Störung.

Vorsicht bei weißen Katzen

So hübsch sie auch sein mögen, weiße Katzen bergen ein großes Problem: Viele von ihnen, egal ob Haus- oder Rassekatze, sind auf einem oder beiden Ohren taub, ein erhöhtes Risiko bergen Tiere mit einem oder zwei blauen Augen. Diese Behinderung ist erblich bedingt und wird häufig zusammen mit der weißen Fellfarbe an den Nachwuchs weitergegeben. Allerdings handelt es sich wohl um getrennte Erbanlagen, die jedoch auf den Chromosomen eng beieinander liegen und deshalb oft gemeinsam vererbt werden. Nur so ist zu erklären, daß in Würfen einige weiße Tiere hören können und andere nicht. Außerdem treten vermehrt Sehstörungen auf.
Leider wurden in der Vergangenheit und vermutlich auch noch heute insbesondere bei Persern taube Tiere für die Zucht eingesetzt. Unter Umständen erwirbt der Käufer also für viel Geld eine behinderte Katze. Das Tierschutzgesetz und Tierschutzregelungen auf Länderebene sollen diesem Treiben ein Ende setzen. Doch leider gibt es unter den Züchtern auch schwarze Schafe, denen es nur auf das Äußere und die schnelle Mark ankommt. Der Laie kann kaum feststellen, ob eine Katze wirklich taub ist, da sie schon auf geringste Erschütterungen, die meist mit Geräuschen einhergehen, reagiert. Wenden Sie sich an einen Tierarzt, der mit einem Test das Gehör der Katzen überprüfen kann.

Bunter Katzenreigen

Störungen in den Erbanlagen der Katze können für sie zur Qual werden. Insbesondere bei Inzucht treten genetische Besonderheiten gehäuft auf. Da es in der Vergangenheit nicht viele Vertreter einer Katzenrasse gab, kam es unter den wertvollen Zuchttieren entweder zu Inzuchtkreuzungen oder zumindest war die Auswahl an gesunden Geschlechtspartnern, wie es sie bei der Hauskatze gibt, für die Edelkatze nicht möglich. Deshalb haben sich einige genetische Defekte unter diesen Schönen eingeschlichen, die in manchen Fällen sogar erwünscht sind – eine Schattenseite der Katzenzucht.
Im Vergleich zur Hundezucht hat die Katzenzucht einen relativ kleinen Umfang. Heute gibt es weniger als 40 verschiedene Katzenrassen. Diese unterscheiden sich hauptsächlich in der

Abb. 4: Viele weiße Katzen sind aufgrund einer genetischen Störung taub oder zeigen untypische Augenfarben, wie bei der linken Katze, die mit Sehstörungen einhergehen.

Fellfarbe und -länge, die Größe der Tiere ist dagegen ziemlich ähnlich. Maine-Coon-Katzen sind mit zehn bis zwölf Kilogramm die größten Rassekatzen, Abessinier dürften mit ca. drei Kilogramm die Kleinsten sein. Bei Hunden ist dies ganz anders. Hier kann man solche Größenunterschiede wie Pekinese und Bernhardiner finden.

Zuchtkatzen haben die gleichen Vorfahren wie unsere Hauskatzen und lassen sich natürlich auch ohne Probleme mit diesen kreuzen. Die Rassekatzen sind erst in den letzten rund 100 Jahren entstanden. Die Katzenzüchter hatten dabei bestimmte Schönheitsideale im Kopf und haben Tiere, bei denen diese Merkmale andeutungsweise vorhanden waren, für die Zucht verwendet. Rassekatzen zeigen also Eigenschaften, die ohnehin bei Katzen im Erbgut verborgen waren.

Robuste Rassen

Die norwegische Waldkatze soll sogar ganz ohne züchterisches Eingreifen entstanden sein. Über Generationen überlebten in den kalten skandinavischen Gefilden meistens die Katzen mit einer robusten Statur und dichtem, langen und warmen Fell. So entstand das doppellagige lange Fell der Tiere. Diese Rasse ist für ihre Fellpflege – im Gegensatz zu den Persern – nicht auf den Menschen angewiesen, sondern kann ihre langen Haare weitgehend selbst sauberhalten. Ähnliches gilt für die Maine Coon, eine amerikanische Katzenrasse, die in Maine entstanden sein soll und ein ebenso robustes Naturell hat. Diese Amerikanerin ist sogar noch ein wenig größer als ihre skandinavische Verwandte. Werden diese Katzen von verantwortungsvollen Züchtern angeboten, so kann man sich

Abb. 5: Maine-Coon-Katzen gehören nicht nur zu den größten, sondern auch zu den widerstandsfähigsten und robustesten Züchtungen.

Abb. 6: Siamkatzen sind typische Kurzhaarkatzen, die leider zunehmend zierlicher gezüchtet werden.

mit ihnen einen gesunden, fröhlichen, attraktiven und widerstandsfähigen Freund ins Haus holen.
Beide Katzenrassen gelten als Halblanghaarkatzen. Zu diesen zählen auch die Balinesen, Birma- und Van-Katzen sowie die Somalis, die mit ihren puscheligen Schwänzen an kleine Löwen erinnern. Unter guten Zuchtbedingungen können diese Tiere viel Freude bereiten.

Bei den Kurzhaarrassen gibt es Orientalisch Kurzhaar, Exotik Kurzhaar und Europäisch Kurzhaar, wobei sich letztere direkt von unseren europäischen Hauskatzen ableiten. Zu den Exoten zählen die Abessinier, die Koratkatze und die Ägyptische Mau, die in ihrem Äußeren an eine Falbkatze erinnern soll. Außerdem gibt es Burmakatzen, die – trotz des ähnlichen Namens – nichts mit der Birmakatze zu tun haben. Last not least finden sich unter den Kurzhaarkatzen die wohl populärsten: die Siamkatzen. Diese werden in den letzten Jahren leider zunehmend zierlich, wenn nicht zerbrechlich gezüchtet.

Platte Nasen für die Schönheit

Die wohl bekannteste Rassekatze ist der Perser. Sie hat extrem langes und feines Fell. Perserkatzen gibt es in vielen Farbvarianten. Anders als die norwegische Waldkatze können Perser ihr Fell nicht selbst pflegen. Sie müssen vom Menschen mehrmals in der Woche gebürstet werden. Das kostet Zeit und sollte vor der Anschaffung der Katze berücksichtigt werden. Der lange Pelz setzt sich zudem schnell einmal an der Analöffnung fest und verklebt dort. Im Extremfall kommt es beim Tier zum Darmverschluß. Eine gut gepflegte Perserkatze wird diese Probleme allerdings nicht haben.
Die extreme Zucht der Perser hat jedoch dazu geführt, daß viele Katzen Kieferprobleme haben. Außerdem sind vielen Persern bei der Zucht die Tränenkanäle abhanden gekommen. Die Feuchtigkeit aus den Augen fließt bei ihnen nicht mehr ab, so daß das Auge unentwegt tränt. Besonders die modernen Züchtungen mit amerikanischem Einfluß sind von diesem Leiden betroffen, während Colourpoints, Chinchilla- und Silver-shell-Perser meist weniger Probleme haben. Sogar viele Züchter sind über solche Schwierigkeiten bei der Katzenhaltung erschreckend schlecht informiert oder wollen sie nicht wahrhaben.

Das Leid der Perser ist damit aber leider noch nicht zu Ende berichtet. Tiere mit einer stark abgeflachten Nase haben in der Regel erhebliche Atemprobleme. Im Profil haben diese Perser praktisch überhaupt keine Nase mehr, dafür gewinnen sie um so mehr Medaillen. Gerüchten zufolge helfen einige Züchter diesem Trend sogar noch auf die Weise nach, daß sie den armen Tieren kurz nach der Geburt die Nasenbeine brechen. Auch vorhandene Hüftprobleme bei Perserwelpen sollen durch das Umwickeln der Hinterbeine „behoben" werden.
Solche grausigen Zuchtmethoden sind zwar verboten, lassen sich aber nicht immer kontrollieren. Nach dem deutschen Tierschutzgesetz dürfen keine Gefahren oder Schäden für die Jungtiere bei der Zucht entstehen. Doch wo kein Kläger, da kein Richter.
Fragwürdig sind auch die Rassen, die eigentlich krank oder behindert sind, dazu gehören Manx, Sphinx, Rex und Scottish-Fold-Katzen.

Abb. 7: Perserkatzen leiden oft unter Atemproblemen, weil die angezüchtete platte Nase auch zu einer Deformation der Atemwege führt.

Die Manx-Katzen dürfen wohl als echte Qualzucht gelten und sind dennoch zugelassen. Manx-Katzen haben keinen Schwanz, aber da ihnen dieser schon bei der Geburt fehlt, gilt dies als natürlich und für die Katzen als nicht belastend. Natürlich fehlt der Katze der Schwanz trotzdem beim Balancieren und zum Ausdrücken ihrer Gefühle. Das Argument ist ähnlich absurd, als wollte man einem Menschen, der ohne Daumen geboren worden ist, sagen, dies sei nicht schlimm, da es ja natürlich aufgetreten sei.

Die Veränderung, die bei der Manx-Katze für die Schwanzlosigkeit sorgt, ist eine defekte Erbanlage. Dieser Defekt ähnelt stark dem menschlichen, der bei uns einen offenen Rücken hervorruft. Die Schwanzlosigkeit bei der Katze ist nämlich auch auf einen Wirbelsäulenfehler zurückzuführen. Diese Behinderung verursacht bei den Tieren oft einen hoppeligen Gang, der aber von vielen Manx-Katzen-Liebhabern als besonders niedlich angesehen wird. Werden zwei Manx-Katzen miteinander verpaart, und beide Eltern vererben die Schwanzlosigkeit an ihren Nachwuchs, so werden die kleinen Kätzchen nicht überleben. Lediglich wenn nur ein Elternteil das defekte Gen weitergibt, funktioniert die Zucht. Wir beschreiben diese traurigen Umstände so ausführlich, da viele Menschen, die eine Manx-Katze erwerben, die Geschichte dieser Tiere gar nicht kennen.

Wer dagegen eine Sphinx, nämlich eine nackte Katze, erwirbt, der sollte sich zumindest denken können, daß hier etwas nicht stimmt. Eine Mutation sorgt bei diesen Geschöpfen dafür, daß ihr Fell auf wenige Haare am Kopf reduziert ist. In der Natur hätte ein solches Wesen kaum überlebt, geschweige denn Nachwuchs gezeugt. Doch die Katzenzucht macht alles möglich.
Der Sphinx-Katzenbesitzer sollte seinen nackten Liebling immer an ein warmes Plätzchen setzen, um Erkältungen zu vermeiden. Aber Vorsicht ist geboten, wenn die Sonne scheint, denn dann muß das Tier mit Sonnenschutzmittel eingerieben werden. Viel Spaß bei einer solchen Katzenpflege.
Rex-Katzen sind „Halbnackedeis". Ihnen fehlen teilweise oder komplett die Schnurrhaare. Diese Tasthaare sind alles andere als nutzlos. Die aufgefächerten, sensiblen Haare dienen als „Zollstock" zum Abmessen von Engpässen. So weiß die Katze genau, ob sie durch einen Spalt hindurchpaßt. Auch die Deckhaare fehlen der Rex-Katze, die Unterwolle ist lockig gewellt. Es gibt verschiedene Varianten, die mehr oder weniger wollige Haare haben und schon fast an Lämmer

Abb. 8: Fast nackte Katzen wie diese Rex-Katze sind wegen des angezüchteten Fellverlustes sehr pflegebedürftig und krankheitsanfällig.

erinnern. Die German Rex ist gegenüber der Devon Rex behaarter. Letztere neigt zu Epilepsie, Rückenverknöcherungen und Herzfehlern.
Scottish Fold gelten als besonders niedlich, die eingewelkten Öhrchen sind jedoch wiederum das Zeichen einer tiefgreifenden genetischen Störung. Neben den Ohren ist nämlich oft auch das Skelett in Mitleidenschaft gezogen.

Gott sei Dank sind Manx, Sphinx, Rex und Scottish Fold eher Ausnahmen unter den Rassekatzen und sehr selten. Bei einer verantwortungsvollen Zucht entstehen gesunde Tiere, deren Aussehen und Charakter in einem gewissen Rahmen vorgegeben sind. So sind Siamkatzen äußerst „geschwätzig", Somalis und Abessinier gelten als extrem freiheitsliebend. Übrigens gibt es auch positive Veränderungen durch die Katzenzucht. Der Silberblick bei Siamkatzen ist heute kaum mehr ein Problem, das Schielen bei diesen Tieren wurde weitgehend zum Verschwinden gebracht. Das gleiche gilt auch für die bei Abessiniern häufig auftretende Erblindung.
Wenn Sie eine Zuchtkatze erwerben wollen, sollten Sie mit dem DEKZV, dem Deutschen Edelkatzenzüchter-Verband in Gießen, in Verbindung treten.

Abenteuer Katze

Jede Katze ist anders

Unter den Katzen gibt es wahre Schmusebacken, Kasper, Kobolde, wilde Recken und sensible zarte Geschöpfe. Bei Hauskatzen ist es meist sehr schwierig, den Charakter im voraus, also schon beim Katzenkind, zu erkennen. Rassekatzen haben dagegen meist bestimmte Charaktereigenschaften, die sich durch die intensive Zucht herauskristallisiert haben. Generell kann gelten, daß Kater meist wilder als Katzen sind. Ein äußerst lebendiges Jungtier wird vermutlich auch als erwachsene Katze aktiver sein als ein phlegmatischer „Nestling", der nur wenig Interesse an seiner Umwelt zeigt. Ob die Katze jedoch verschmust, verspielt, lustig oder gar musikliebend wird, läßt sich kaum so früh abschätzen. Tatsächlich gibt es die merkwürdigsten Liebhabereien. So hatte unsere Katze Martha sogar tänzerische Ambitionen.

Abb. 1: Katzen sind nicht immer Einzelgänger: Sie stellen sich häufig sehr auf die Lebensgewohnheiten „ihrer" Menschen ein, so daß sich eine enge Beziehung zwischen beiden entwickeln kann.

Bei rhythmisch betonter Musik streckte sie uns ohne Aufforderung quasi die Vorderpfoten entgegen. Die mußten dann passend zur Musik hin- und herbewegt werden. Das Spiel wurde von lautem Schnurren begleitet.
Je mehr sich der Mensch mit der Katze beschäftigt, um so enger wird auch das Verhältnis zwischen beiden. Tiere, die den ganzen Tag draußen herumlaufen, sind meist selbständiger und weniger auf den Menschen fixiert als reine Wohnungskatzen. Dennoch gilt auch für die „Freilandkatzen", daß diese in erster Linie zu ihren Menschen gehören. Das Märchen, daß Katzen nur an ihrem Revier hängen und nicht am Besitzer, ist schlichtweg falsch oder gilt höchstens für halbverwilderte Tiere. Wer sich eine Katze anschafft, der sollte sich darüber im klaren sein, daß nicht nur er Erwartungen in das Tier

steckt, sondern daß die Katze auch Erwartungen und Ansprüche an ihren Menschen hat – und das über viele Jahre hinweg.

Die katzengerechte Wohnung

Ein schickes Ledersofa, schwere teure Damastvorhänge, zerbrechliche Nippesfiguren, fragile Jugendstilstehlampen mit orginal Glasperlenfransen am Schirm und – anstelle eines gut verschließbaren Küchenschranks – ein offenes Regal – so könnte aus Katzensicht die ideale Wohnung aussehen. Am Ledersofa werden die Krallen geschärft, an den Vorhängen wird geschaukelt, die Nippesfiguren werden zum Spielzeug umfunktioniert und die Glasfransen werden nacheinander sauber abgetrennt. Danach wird sich die Katze an den leicht zugänglichen Lebensmitteln im Küchenregal stärken. Das alles freut das Katzenherz, nicht jedoch den Besitzer.

Das Gegenteil einer solchen „spielgerechten" Wohnung besteht in kargen Räumen. Glatte Flächen ohne einen weichen Platz zum Kuscheln, wenig Möbel, keine Klettermöglichkeiten, eine fehlende Fensterbank und eine immer verschlossene Küchen- und Wohnzimmertür lassen die Phantasie und den Spieltrieb unserer Stubentiger verkümmern. Wie meist liegt auch hier das Glück in der Mitte. Die verschlossene Küchentür kann sich durchaus als sinnvoll erweisen, denn Katzen nutzen gern die Abwesenheit des Menschen, um den Eßtisch und die Arbeitsflächen nach leckeren Krümeln abzusuchen. Ein verschlossenes Wohnzimmer kann die Katze jedoch arg einengen. In einer 50-m^2-Wohnung reduziert man sie auf engsten Raum. Hier sollten in jedem Fall zusätzlich Regale oder hohe Schränke zugänglich sein, die gute Klettermöglichkeiten bieten. Auch bei den waghalsigsten Sprüngen wird die Katze nur selten einmal etwas herunterwerfen. Bei ungeschickten Kletterern, die es auch unter Katzen gibt, sollten leicht zerbrechliche oder wertvolle Gegenstände in schützenden Vitrinen ver-

Abb. 2: Ob Wohnungs- oder Freilandkatze, sobald die Katze ins Haus darf, muß die Einrichtung katzengerecht sein. Wertvoller Nippes ist da sicher fehl am Platze.

wahrt werden. Eine Decke über dem teuren Sofa sichert das Leder vor unschönen Kratzspuren.
Das Leben mit der Katze fordert eben Kompromisse. Irgendeine Unart wird nämlich jedes Tier entwickeln, und auch die beste Erziehung kann zwar den Schaden in Grenzen halten, aber nicht komplett verhindern. Wer das nicht ertragen kann oder will, sollte besser auf eine Katze verzichten.

Katzenerziehung mit Liebe

Wer ein Jungtier bei sich aufnimmt, kann dieses noch relativ gut erziehen. Bei älteren Katzen ist es schon schwieriger, aber nicht aussichtslos. Ein deutlich unfreundlich ausgesprochenes „Nein", Händeklatschen oder ein Zischlaut läßt viele Katzen ihr schändliches Treiben beenden. Hilft dies nicht, so kann ein Gespräch „Auge in Auge" Wunder bewirken, denn Katzen mögen es nicht, wenn man ihnen in die Augen schaut. Verbunden mit einer Strafpredigt, ist es für sie sehr beeindruckend. Verhaltensforscher empfehlen in schwierigen Fällen die Wasserpistole. Ein kleiner Wasserstrahl wird die Katzenuntat sofort unterbrechen. Allerdings sollte das Tier nicht mitbekommen, daß ihr Mensch den „Schuß" abgegeben hat, da es sonst seinerseits „verschnupft" reagieren könnte. Der Wasserspritzer sollte deshalb quasi aus heiterem Himmel über die Katze kommen. Daß eine Katze in keinem Fall geschlagen werden darf, versteht sich von selbst.

Gefahr oder Langeweile

Viele Katzen leben ausschließlich in der Wohnung. Im Innenstadtbereich der Metropolen gibt es für sie im Freien keinen Platz. Doch das gilt wirklich nur für die Stein- und Betonwüsten der Zentren. Die meisten Wohnviertel verfügen dagegen schon über kleinere Gärten oder Innenhöfe.

Abb. 3: Katzen, die nach draußen dürfen, führen ein spannendes Leben, …

Abb. 4: … das nicht zuletzt durch den Straßenverkehr aber auch lebensgefährlich werden kann.

Viele der freilaufenden Katzen sterben jedoch bei Verkehrsunfällen. Wer seine Katze nach draußen läßt, kann praktisch nicht verhindern, daß sie irgendwann einmal auf die Straße gerät. Einige Katzen haben von sich aus Angst vor Autos. Sie laufen vor Motorengeräuschen weg und sind damit weitgehend sicher. Andere Katzen überqueren waghalsig die Straße, bremsen vielleicht sogar einmal einen Bus aus und werden mit hoher Wahrscheinlichkeit irgendwann einmal überfahren. Sollte der Unfall nicht tödlich enden, wird die Katze in Zukunft wahrscheinlich im Straßenverkehr aufpassen. Katzen, die bereits einmal angefahren wurden, geraten nur selten ein zweites Mal unter die Räder.

In der Wohnung dagegen sind die Tiere vor Autos sicher und können sich bei anderen Katzen keine Krankheiten oder bei Kämpfen keine Verletzungen zuziehen. Ihr Leben ist risikoarm, aber auch um einiges langweiliger.
Fast jede Katze wird den Freigang schätzen, da er eher der natürlichen Lebensweise entspricht. Manches Tier wird einen starken Hang nach draußen haben und fast ständig unterwegs sein. Solche Tiere lassen sich nur schwer in der Wohnung halten. Werden sie mit Gewalt drinnen gehalten, so beginnen sie häufig, Möbel zu zerstören oder aus Protest auf den Teppich zu strullern. Hier kann die Stubenhaltung in Tierquälerei ausarten.

Andere Katzen sind Gutwetterkatzen: Bei Sonnenschein und Wärme turnen sie im Freien herum, bei Regen, Kälte, Sturm oder gar Schnee setzen sie dagegen keine Pfote vor die Tür. Solche Tiere drängen meist nicht nach draußen, sondern akzeptieren es beispielsweise, daß sie nur hinaus dürfen, wenn der Besitzer zu Hause ist und so zumindest die Situation kontrollieren kann.

Andere Katzen fügen sich ohne Probleme oder sogar gern in ihr Wohnungsschicksal, selbst wenn sie früher öfter Ausgang hatten. Reinen Wohnungskatzen sollte man jedoch in jedem Fall viel Zuwendung und Zeit widmen, außerdem benötigen sie ausreichende Klettermöglichkeiten. Da der Katzenbesitzer kaum ständig zu Hause sein wird, sollten solche Tiere paarweise gehalten werden (siehe unten).
Die Entscheidung „Rausgehen oder nicht" muß also sowohl von der Katze als auch von der häuslichen Umgebung abhängig gemacht werden. Ein etwas risikoreicheres, dafür aber artgerechtes Katzendasein kann für das Tier lebenswerter sein als ein langweiliges Stubenschicksal, auch wenn es in der Wohnung ein biblisches Alter erreichen sollte.

Zu zweit ist man nie allein

Viele Menschen leben mit zwei oder mehreren Katzen zusammen. Zwei Katzen sind ideale Spielgefährten. Bei drei Katzen kann manchmal ein Tier ausgeschlossen werden oder von sich aus ein Eigenbrötlerdasein führen. Mehr als drei Katzen in einem Haushalt zu halten, kann sehr schnell in Tierquälerei ausarten. Durch das enge Zusammenleben stehen die Tiere ständig unter Streß. Zwar mag es für den Tierhalter amüsant und lustig sein, wenn viele Katzen in der Wohnung herumtollen, doch die Tiere werden sehr schnell verkommen. Ungeziefer, Infektionskrankheiten, aber auch Protestharnen sind die Folgen.
Das Zusammenleben von zwei Katzen scheint ideal zu sein. Oft wird die Haltung eines Katzenpärchens empfohlen, doch auch zwei Kater oder zwei Katzen können sich prächtig miteinander vertragen. Wovon die Sympathie der Katzen untereinander abhängt, ist schwer zu beurteilen, doch das gilt für uns Menschen ja genauso. Auch wir können unsere Zuneigungen für einander längst nicht immer begründen.

Recht gut verstehen sich Geschwister, die gemeinsam aus einem Wurf stammen. Allerdings können diese Tiere sehr stark aufeinander fixiert sein, so daß die Beziehung zum Menschen weniger intensiv ausfällt. Ist bereits eine Katze im Haushalt vorhanden, eignet sich als Gefährte besonders gut ein Jungtier, denn diesem gegenüber verhält sich die bereits vorhandene ältere Katze weniger aggressiv als einem ausgewachsenen Tier. Bei zwei älteren Tieren werden längere Auseinandersetzungen nötig sein, bis die Rangfolge im eige-

Abb. 5: Zu zweit lebt sich's am besten. Trotzdem sollten die Tiere aber ihre persönlichen Accessoires besitzen, sonst gibt es schnell Streit.

nen Heim festgelegt ist. Zu Beginn wird es aber immer eine ordentliche Faucherei geben und wahrscheinlich werden auch schon mal die Fetzen fliegen, doch dann raufen sich die Tiere meist zusammen.
Jedes Tier sollte einen eigenen Freßnapf und eine eigene Katzentoilette bekommen. Wenn die Tiere dieses Inventar nach einiger Zeit gemeinsam benutzen, ist dies kein Problem, doch Sie sollten sie in keinem Fall zu solchen Intimitäten nötigen. Ein häufiger Fehler der Katzenhalter besteht darin, sich zu Beginn besonders intensiv um das neue Tier zu kümmern. Die erste Katze wird dann schnell eifersüchtig. Dies kann das Miteinander der Katzen untereinander erschweren, im Extremfall kann es bei der ersten Katze zu Protestharnen oder neurotischen Reaktionen kommen.

Zwischen zwei Katzen können recht enge Freundschaften entstehen. Manche Tiere schlafen gemeinsam, fressen zusammen und ärgern sogar ihren Menschen zu zweit. Stirbt eine der beiden Katzen, so kann die zurückgebliebene noch Tage nach ihrem Spielgefährten suchen und deutliche Zeichen der Trauer zeigen.

Doch nicht alle Tiere verbindet ein enges Freundschaftsband. Manche Katzen beschäftigen sich nur hin und wieder miteinander oder sind sich sogar weitgehend gleichgültig.

Katzenreviere

Katzen, die regelmäßig nach draußen können, besetzen dort auch ein Revier. Dies ist übrigens keineswegs scharf von anderen Revieren abgegrenzt, sondern kann sich durchaus mit denen von anderen Katzen überlappen. Verhaltensforscher haben Katzenpopulationen auf Bauernhöfen und in Versuchsanlagen untersucht. Dabei stellte sich heraus, daß Katzen eine Art Ruherevier haben, in das sie sich sicher zurückziehen können. Das ist bei Hauskatzen meist der Platz im Haus des Menschen. Dazu kommen Reviere für die Jagd, die Rast, aber auch für solch gemütliche Dinge wie das Sonnenbaden. Diese Plätze sind durch für uns kaum erkennbare Wege miteinander verbunden. Die Tiere setzen hier gerne Duftmarken und können auf diese Art und Weise sogar einer anderen Katze mitteilen, wann und wer hier langgegangen ist. Dabei begegnen sie meist sehr schnell anderen Katzen. Obwohl Katzen als Einzelgänger gelten, kann es sehr wohl passieren, daß sie sich mit einem Nachbartier anfreunden. Katzenfreundschaften zu beobachten, kann äußerst unterhaltsam sein. So wurde Nachbarskatze

Mutz hin und wieder zu einer kleinen Nachmittagsmahlzeit eingeladen. Unsere beiden Katzen geleiteten Mutz durch das Treppenhaus in die Wohnung. Dort durfte sie sich an dem bereitstehenden Trockenfutter bedienen. Danach setzte man sich noch ein wenig zusammen und ließ den Gast auch gern einmal in den Ecken schnuppern. Spätestens nach 90 Minuten war der Besuch jedoch beendet. Mit sanften Nasenstübern wurde Mutz die Ausgangstür gezeigt.

Gefährliche Kämpfe eher selten

Natürlich gibt es auch die andere Seite der Medaille. Da stoßen zwei Tiere aufeinander, drohen und fauchen und gehen dann irgendwann aufeinander los. Bei zwei unkastrierten Katern ist dies fast immer der Fall. Das Aggressionsverhalten und das Imponiergehabe ist bei ihnen besonders ausgeprägt. Die Tiere sträuben sämtliche Körperhaare und machen einen Buckel, um ihre Silhouette größer erscheinen zu lassen. Der Schwanz wird dabei manchmal so dick wie eine Flaschenbürste. Dann beginnt eine Art Gesang, dem die bedrohlichen Untertöne deutlich anzuhören sind. Der Schwanz peitscht auf den Boden, bis ein Tier angreift. Solche Katerkämpfe können äußerst ernst geführt werden. Ein alter Revierinhaber will einem neuen, jüngeren Kater auf keinen Fall sein Revier abtreten. Die unerbittlichen Auseinandersetzungen können zu schweren Bißverletzungen, insbesondere am Kopf und Schulterbereich, führen. Leider entzünden sich solche Wunden oft gefährlich und müssen dann in jedem Fall tierärztlich versorgt werden. Eingerissene Ohren sehen in der Regel eher dramatisch aus, sind aber keine wirklich schweren Verletzungen. Aber auch hier gibt es eine Gefahr: Sollte das Tier nämlich eine Woche später sehr plötzlich hohes Fieber entwickeln, kann es sich eine Blutvergiftung (Sepsis) zugezogen haben. Der Kater ist dann fast apathisch, die charakteristischen blauen

Abb. 6: Nachbarskatzen leisten sich gerne Gesellschaft und teilen auch manche Mahlzeit.

Abb. 7: Gefährliche Kämpfe mit Verletzungsgefahr sind bei Katzen eher selten. Meist genügt es, den Gegner mit Fauchen und Schwanzschlagen in seine Grenzen zu weisen.

Linien der verfärbten Blutgefäße bleiben allerdings unter dem Fell verborgen. Zu diesem Zeitpunkt der Infektion geht es fast schon um Minuten. Der Tierarzt oder tierärztliche Notdienst wird das Tier sofort mit einem Breitbandantibiotikum behandeln. Meist kann die Sepsis auf diesem Weg noch gestoppt werden.
Zu solchen dramatischen Wendungen muß es aber keineswegs kommen. Ist für die Tiere genügend Platz vorhanden, so können sie sich aus dem Weg gehen und getrennte Reviere belegen. Kastrierte Kater oder Katzen verletzen sich bei ihren Auseinandersetzungen normalerweise nicht ernsthaft. Auch hier fliegen schon mal unter großem Geschrei die Fetzen, ein paar Haarbüschel gehen verloren, aber das war's in der Regel schon. „Kätzinnen" gelten beim Verteidigen ihrer Reviere sogar als konsequenter als die Kater. Bei ihnen kommt es jedoch nicht jedesmal zu einem Kampf. Sie regeln die Auseinandersetzung oft durch „Aussitzen": Beide Katzen drohen sich solange, bis eine der beiden klein beigibt. Die unterlegene Katze beginnt sich dann zu putzen oder tritt sehr vorsichtig den Rückzug an. Auch Begegnungen zwischen Katze und Kater oder zwischen zwei kastrierten Katern können in dieser Form verlaufen.

Nur fast Einzelgänger

Obwohl Katzen seit vielen Jahrtausenden zu unseren Haustieren zählen, kennen wir viele Regeln, aber auch Gründe für das Zusammenleben dieser Tiere nicht. Katzen gelten zwar als Einzelgänger, da sie zum Beispiel alleine jagen, doch für ihr Sozialleben gilt dies nicht. Auch unter naturnahen Lebensbedingungen haben Katzen regelmäßig Kontakt zu Artgenossen. Jungkater organisieren sich gern zu Katerbanden. Und auch Katzenväter sind keineswegs immer an ihrer Familie desinteressiert. Es kommt durchaus vor, daß sie das Nest besuchen, vielleicht sogar eine Maus mitbringen und ein wenig Aufsichtspflichten übernehmen.

Die Weibchen, oft Geschwister aus einem Wurf, unterhalten häufig gemeinsame Katzennester. Die Katzenbrut wird dann von Mutter und Tante gleichzeitig versorgt und sogar gesäugt. Solche Verhaltensweisen kann der Katzenhalter auch manchmal im häuslichen Bereich beobachten. Als unsere Katze Martha vier kleine Welpen geboren hatte, durfte

Katzenfreundin Mina schon nach zwei Tagen in den Karton, der der kleinen Familie als Nest diente. Mina wurde schnell zur Nenntante befördert, und bald überließ Martha ihr einen Großteil der Erziehung. Da Martha nicht ganz stubenrein war, begrüßten wir es besonders, daß die piksaubere Mina den Kleinen Reinlichkeit inklusive des Gangs zur Toilette beibrachte. Die Mutterpflichten von Martha reduzierten sich fast nur auf das Säugen, was ihr völlig auszureichen schien. Die Hilfe von Mina nahm sie offensichtlich gern in Anspruch, während Mina, die keine eigenen Jungen hatte, ihren Mutterinstinkten auf diesem Weg freien Lauf lassen konnte.

Die Katzenversammlung

Wer nachts einmal durch die Straßen seines Viertels geht, der kann in einem Vorgarten, auf einer Terrasse oder wo auch immer auf eine kleine Katzengruppe stoßen. Die Tiere sitzen im Kreis, haben ihre Pfoten untergeschlagen und gucken vor sich hin. Dieses ominöse Zusammentreffen wird als Katzenversammlung bezeichnet. Mehr oder weniger regelmäßig scheinen sich dazu Katzen einer Umgebung zusammenzufinden. Die Gründe für diese nächtliche Geselligkeit sind bisher nicht klar. Der Verhaltensforscher Paul Leyhausen vermutet, daß die Versammlung sozusagen das Leben im Viertel regelt. Die Katzen scheinen auf diese Weise ihre Rangordnungen zu festigen, Aggressionen oder gar Kampfhandlungen wer-

Abb. 8: Obwohl sich Hund und Katze naturgemäß leicht mißverstehen, gibt es immer wieder auch enge Freundschaften zwischen ihnen.

den dadurch überflüssig. Die Katzenversammlung wird jedoch von einigen Wissenschaftlern angezweifelt und als zufälliges Zusammentreffen interpretiert. Endgültig geklärt ist das Phänomen bisher nicht.

Wie Katz und Hund

Auch mit anderen Tieren, zum Beispiel Hunden, können sich Katzen anfreunden. Der Freundschaft mit einem Hund steht zunächst ein Kommunikationsproblem im Wege. Während der Hund nämlich seine Freude mit einem wedelnden Schwanz nach außen signalisiert, ist dies für die Katze ein Zeichen höchster Aggression. Ihr Schwanzschlagen, mit dem sie für andere Katzen unmißverständlich ihre Kampfeslust anzeigt, ist für den Hund ein Freudensignal. Gehen die beiden dann aufeinander zu, so bekommt der Hund sicher einen Kratzer auf die Nase, die Katze kann von Glück sagen, wenn der Hund dann nicht zuschnappt.
Wachsen Hund und Katze miteinander auf, so kennen sie sich so gut, daß das Sprachproblem keine Rolle mehr spielt. Immer wieder sieht man Katzen, die auch als erwachsenes Tier in den riesigen Pranken des nun auch herangewachsenen Hundes schlafen. Hier herrschen offenbar Vertrauen und eben Freundschaft. Wichtig ist, daß die Tiere einander in Ruhe kennenlernen können, und das ist in der gemeinsamen Kinderstube eben besonders einfach.

Die Maus im Bett – der schönste Liebesbeweis

Mäuse sind die Hauptnahrungsquelle der Katzen. Kräftige Tiere erlegen auch schon einmal eine Ratte oder ein kleines Kaninchen. Die Katze reagiert bei der Jagd auf schnelle Bewegungen. Dies läßt sich besonders gut beim Mäusefang beobachten. Sitzt die Maus reglos da, verliert die Katze schnell das Interesse an ihr. Aber kaum versucht sie wegzuhuschen, wird die Katzenpfote erbarmungslos zuschlagen. Ist die Maus jetzt wieder ruhig, wird sie losgelassen, läuft sie wieder weg, beginnt das Spiel von neuem.

Für viele Menschen wirkt das Katz-und-Maus-Spiel sehr grausam, gehört aber, insbesondere wenn die Katze nur selten Beute macht, zu ihrem Jagdtrieb. Einige Mäuse haben Glück und entkommen dem Räuber-Beute-Spiel. Die anderen landen entweder im Magen der Katze oder aber in unserem Bett – quasi als besonderer Liebesbeweis. Sicher fällt es an dieser Stelle schwer, das Tier für seine Tat zu loben. Aber bedenken Sie, die Katze empfindet ihren Menschen als Mitkatze und dieser wäre ein solches Präsent sicher sehr willkommen. Ein kleines Lob ist also durchaus angebracht, danach kann man die Maus, am besten diskret, verschwinden lassen. Wer einen solchen Mäusejäger als Haustier hat, der kann sich eigentlich nur vor den unerwünschten Liebesgaben schüt-

Abb. 9: Die Katze ist ein perfekter Mäusefänger. Die erbeutete Trophäe im Bett des Katzenhalters ist der größte Liebesbeweis.

zen, indem er die Katze beim Nachhausekommen inspiziert. Zur Vorsicht kann die Schlafzimmertür ja für besonders ausgeprägte Jäger geschlossen gehalten werden.
Im Haus kann sie ihren Jagdinstinkt an einem Ball, einem Stoffstück oder einem Katzenspielzeug abreagieren – das ist zweifellos hygienischer, macht aber vermutlich weniger Spaß.

Was fliegt denn da?

Während mit Mäusen oder Ratten kaum jemand Mitleid hat, ist ein Singvogel im Maul einer Katze wohl für niemanden ein erfreulicher Anblick. Die Vogeljagd hat den Katzen immer wieder einen schlechten Ruf eingetragen. Mancher Vogelfreund hat im Namen des Vogelschutzes schon zu drastischen Maßnahmen gegriffen und der Nachbarskatze mit Gift oder Schrot aufgelauert. Doch damit verstößt er ganz klar gegen das Tierschutzgesetz. Auch die Jäger greifen gern zum Gewehr, wenn sie eine Katze sehen. Bewegt sich die Katze mehr als zweihundert Meter vom Grundstück in Richtung Wald, so ist sie Freiwild. Kaum ein Jäger macht sich wohl Gedanken darüber, wieviel Leid er bei Kindern wie Erwachsenen durch seine Tat verursacht.
Magenuntersuchungen geschossener Katzen haben übrigens gezeigt, daß die Tiere fast nur Mäuse und Ratten erbeuten. Vögel und andere Beutetiere waren nur in sehr geringen Mengen zu finden. Für eine Katze ist ein Vogel weitaus schwieriger zu fangen als eine Maus. Meist sind es kranke oder alte Tiere, die im Maul der Katze enden. Das mag zwar für den einen oder anderen auch grausam klingen, doch ist es der Lauf der Natur. Die Katze spielt hier praktisch Gesundheitspolizei.
Natürlich ergattert die Katze auch einmal einen Jungvogel. Allerdings überlebt in der Natur auch ohne Katze längst nicht jeder Jungvogel. Infektionen oder Unfälle sind die häufigsten Todesursachen beim Vogelnachwuchs.
Wer ein Vogelnest in seinem Garten hat, kann aber versuchen, dies mit einem „Katzengürtel" vor den Katzen zu schützen: Ein stacheliger Draht, der um den Baum oder den Busch geschlungen wird, verwehrt den Katzen den Aufstieg zum Vogelnest.
Mancher Katzen- und Vogelfreund hängt seiner Katze ein Glöckchen um den Hals. Das leise Gebimmel soll den Vogel akustisch vor der Katze warnen und begleitet jede Bewegung der Katze. Die Töne, die zudem in der Nähe des Katzenohrs produziert werden, reizen das Gehör des Tieres ungemein, denn die Katze kann höhere Frequenzen wahrnehmen als der Mensch. Jemand, der seine Katze gern hat, sollte ihr solch quälendes Gebimmel nicht antun.

Abb. 10: Katzen jagen Vögel. Um die singenden Gäste nicht zu vertreiben, kann man sie mit einem Katzengürtel vor den Angriffen des Stubentigers schützen.

Nachwuchs und Familienplanung

Spektakel bei der Katzenhochzeit

Katzen, die nach draußen gehen, bringen von dort aber manchmal noch ganz andere „Mitbringsel" nach Hause. Die Rede ist von Kätzinnen, die, wenn sie nicht kastriert sind, mehrmals im Jahr liebestoll und dann auch trächtig werden können. Zunächst ist die Katze nur besonders liebebedürftig, kurze Zeit später stellt sich bei ihr ein charakteristisches Gurren ein, das sich immer mehr steigert, bis die Katze vor lauter Lust über den Teppich rollt. Jetzt ist sie rollig und wird versuchen, mit dem anderen Geschlecht in Kontakt zu treten.

Abb. 1: Die Katzenhochzeit ist für die Katze sehr schmerzhaft. Dadurch ist allerdings gewährleistet, daß das Sperma des Katers auf ein befruchtungsfähiges Ei trifft.

Das Spektakel, das sie veranstaltet, und die Düfte, die sie während ihrer Brunft abgibt, können einen Kater von weither heranlocken. Doch die Katze ist wählerisch, nicht der erste muß auch der Beste sein. Vermutlich werden sich weitere Kater einfinden, die sich um die Gunst der Dame bemühen und sich sogar um sie schlagen werden. Anscheinend ist es nicht unbedingt der Stärkste, der letztendlich das Rennen macht. Oft ist es ein kleiner, unterlegener, aber pfiffiger Kater, der sich der Katze nähern darf.

Mal lockt sie ihn heran, mal jagt sie ihn zurück, dieses intensive Liebesspiel kann sich über Tage hinziehen. Man spricht auch von „Kokettierflucht". Erst wenn die Katze in Stimmung ist, läßt sie den Kater gewähren. Das Besteigen des Katers, der das Weibchen dabei in den Nacken beißt, begleitet die Katze mit wimmerndem Geschrei, weil ihr der mit Widerhaken besetzte Katerpenis Schmerzen bereitet. Nicht selten wird die Katzenhochzeit mit einem Schlag beendet, weil es der Katze reicht. Meist folgen jedoch nach einiger Zeit weitere Begattungen. Die Schmerzen, die der stachelige Penis verursacht, lassen sich jedoch nicht vermeiden und sind für die erfolgreiche Befruchtung des Katzeneis sogar notwendig, denn die Reizung löst den Eisprung erst aus. So wird sichergestellt, daß das Katersperma auch tatsächlich auf eine befruchtungsfähige Eizelle trifft. Der Erfolg dieser – für die Katze allerdings wohl nur mäßig angenehmen – Strategie läßt sich leicht an den enormen Fortpflanzungsraten der Katzen messen.

Wochenbett im Pappkarton

Neun Wochen nach der Katzenhochzeit zieht sich die angehende Mutter in einen ruhigen Winkel zurück. Es bietet sich an, ihr eine gut gepolsterte, saubere Kiste zur Verfügung zu stellen, andernfalls erhöht sich die Wahrscheinlichkeit, daß die Jungen in einer Wäscheschublade oder ähnlichem zur Welt kommen.
Am Platzen der Fruchtblase erkennt man, daß die Geburt unmittelbar bevorsteht. Manche Katzen ziehen sich zurück, andere fühlen sich bei der ruhigen Anwesenheit ihres Menschen durchaus wohl.
Als Hebamme braucht uns die Katze jedoch nicht. Ist das erste Kätzchen aus dem Geburtskanal heraus, so beißt sie selbst die Nabelschnur durch, putzt das Kleine sauber und verspeist Nabelschnur und Mutterkuchen, um die wertvollen Nährstoffe und Vitamine darin nicht zu vergeuden. Meist werden die Jungen nacheinander innerhalb der

Abb. 2: Die werfende Katze braucht ein sicheres Nest für die noch hilflosen Neugeborenen.

nächsten Minuten oder wenigen Stunden geboren. Aber auch hier gibt es Ausnahmen. Martha gebar ihr viertes Junges erst drei Tage nach seinen Geschwistern. Dieses Junge war zum Geburtszeitpunkt deutlich kleiner als seine älteren Geschwister. Ob es von einem anderen Vater stammte, nur später gezeugt wurde oder was sonst der Grund war, haben wir nicht klären können. Bald war es jedoch genauso munter wie die anderen.

Selten kommt es bei einer Katzengeburt zu Komplikationen. Wenn jedoch ein Kätzchen verkehrt herum liegt oder die Nabelschnur sich verheddert hat, braucht das Tier Hilfe. Sie können mit absolut sauberen Fingern (Nagelbürste benutzen!) versuchen, das Kätzchen aus dem Geburtskanal zu ziehen, oft ist in solchen Fällen aber die Hilfe des Tierarztes nötig. Ist dieser über den ungefähren Geburtszeitpunkt informiert, so ist ein verantwortungsvoller Veterinär für Sie im Notfall auch nachts erreichbar.
Meist werden drei bis vier Welpen geboren. Bis zu sechs kleine Katzen kann ein Muttertier verkraften, sieben und mehr Junge würden die Katze und ihr Nachwuchs kaum noch überleben. Aus diesem Grund müssen die überzähligen schwächsten Jungen vom Tierarzt getötet werden.
Während der Schwangerschaft und Stillzeit benötigt die Katze besonders viel Nährstoffe, Spurenelemente, Mineralien und Vitamine. In Fachgeschäften und beim Tierarzt gibt es Spezialfutter für diese Zeit. Wir von der Hobbythek haben natürlich auch Anregungen für diesen besonderen Lebensabschnitt der Katze entwickelt (siehe *Seite 59*).

Abb. 3: Die kleinen Katzenkinder wachsen schnell, denn die Muttermilch ist äußerst fett- und energiereich.

99 Gramm Katze

Die kleinen Welpen sind bei ihrer Geburt noch blind und taub. Allerdings funktioniert ihre Nase schon recht gut, und damit finden sie über einen angeborenen Reflex die Zitze ihrer Mutter. Jedes Junge hat seine eigene Zitze, auf diese Weise wird Streit im Katzennest vermieden. Die Kleinen wachsen sehr schnell, da die Katzenmilch äußerst fett und energiereich ist. Außerdem enthält sie Antikörper, die die Winzlinge weitgehend vor Infektionskrankheiten schützen. Mit vier Wochen unternehmen sie schon Wanderschaften durch die Wohnung und erforschen ihre Umwelt. Böse sein kann der Mensch ihnen meist nicht. Anders jedoch die Katzenmutter, die mit Nachdruck ihre Erziehung betreibt – auch schon einmal mit einer Backpfeife.

Geburtenkontrolle und Kastration

Unerwünschte Katzen wurden früher häufig nach der Geburt in einen Sack mit Steinen gesteckt und ersäuft. Das ist heute Gott sei Dank nach dem Tierschutzgesetz verboten. Auch der Tierarzt darf bis auf wenige Ausnahmen (siehe *Seite 35*) unerwünschte, aber gesunde Welpen keineswegs einfach einschläfern. Maßnahmen zur Geburtenkontrolle müssen also auch von weniger zart besaiteten Menschen schon früher eingeleitet werden.

Der häufigste Weg ist die Kastration. Bei der Katze werden dabei die Eierstöcke entfernt. Danach wird sie nicht mehr rollig und vermißt deshalb den Liebesakt auch nicht. Die Sterilisation, also das Durchtrennen der Eileiter ist nicht zu empfehlen, da die Katzen trotzdem rollig werden. Katzen können auch die „Pille" nehmen. Für einen begrenzten Zeitraum ist dies durchaus geeignet; als Dauermaßnahme stellen sich hier jedoch oft Nebenwirkungen ein: Eierstockzysten, die eine Dauerrolligkeit verursachen können, oder Leberschäden sind die häufigsten Konsequenzen der Hormonpräparate. Aus diesen Gründen hat sich die Kastration bei der Katze weitgehend durchgesetzt.

Kater werden meist aus einem anderen Grund kastriert. Sobald sie geschlechtsreif sind, beginnen sie, ihre Umgebung mit einem ekelhaft stinkenden Sekret zu markieren. Dieses Spritzen findet in der Regel nicht nur im Garten, sondern auch in der Wohnung statt. Der Gestank hält viele Wochen vor und ist schier unerträglich. Die Kastration, bei der die Hoden entfernt werden, beendet das unappetitliche Treiben. Katern, die fast ausschließlich im Freien leben, wird von ihren Besitzern oft die Potenz gelassen. Diese Tiere sind meist sehr aktiv und rauflustig, bezahlen ihr Sexualleben allerdings häufig mit einer geringeren Lebenserwartung. Für sie zählt nämlich nur eins: ein verlockendes Weibchen. Autoverkehr oder andere Gefahren werden nicht mehr hinreichend beachtet.

Abb. 4: Aus niedlichen Katzenkindern werden große Katzen mit entsprechenden Bedürfnissen – das sollte bei der Anschaffung auch der süßesten Kätzchen bedacht werden.

Anatomie eines Raubtiers

Katzen sind, auch wenn sie noch so viel schmusen, Raubtiere. Ihr ganzer Körper ist auf die Jagd und den Verzehr von Beutetieren ausgerichtet. Katzen können kurzfristig sehr schnell laufen und mit einem Sprint die Beute schlagen. Beim Dauerlauf fallen sie jedoch bald zurück und sind erschöpft. Hier ist der Hund der wahre König, als direkter Nachfahre des Wolfes kann er seine Opfer zu Tode hetzen. Bei einem Streit zwischen Katze und Hund hat die Katze, wenn sie entwischen will, nur in den ersten Minuten einen Vorteil, dann wird der Hund sie einholen. Katzen flüchten sich vor Hunden deshalb auf Bäume, wohin ihnen der kläffende Widersacher nicht folgen kann.

Mit Hilfe der weichen Polsterung auf den Pfoten können sie sich so gut anschleichen. Die Pfote, die wir sehen, ist nichts anderes als die Zehen- bzw. Fingerglieder, die bis zum ersten offensichtlichen Gelenk reichen. Erst darüber folgen Hand- und Fußrücken sowie der Knochen, der unserer Wade bzw. unserem Ellenbogen entspricht. Ellenbogengelenk und Knie verschwinden praktisch schon im Fell an der Katzenbrust und am Katzenbauch. Katzen sind nicht nur gute Sprinter, sondern auch hervorragende Kletterer. Mit ihren Krallen können sie sich gut am Untergrund festhaken und so äußerst elegant auch einen Baum mit geradem Stamm und glatter Rinde erklimmen. Oben angekommen hilft der Schwanz als Balancierstange, das Gleichgewicht zu halten.
Runter geht's dann etwas schwieriger. Wegen der nach hinten gebogenen Krallen müssen Katzen mit dem Hinterteil zuerst vom Baum herabsteigen. Diese Kunst beherrschen keineswegs alle Katzen, und manche wissen zunächst gar nicht, wie sie von dem erhöhten Aussichtspunkt wieder herunterkommen sollen. Oft sieht man Tiere mit dem Kopf zuerst den Baum praktisch „hinablaufen". Beim Sprung oder Sturz aus der Höhe dreht sich die Katze in der Luft und landet meistens mit allen vier Pfoten auf der Erde.
Das Skelett der Katze umfaßt 40 Knochen mehr als unseres, die sich insbesondere im Rücken- und Schwanzbereich befinden und extrem beweglich sind – was man schon beim Katzenbuckel bestens beobachten kann. Ein Schlüsselbein besitzen Katzen dagegen praktisch nicht, wodurch ihre Vorderbeine nach vorne, nicht jedoch zur Seite frei beweglich sind.

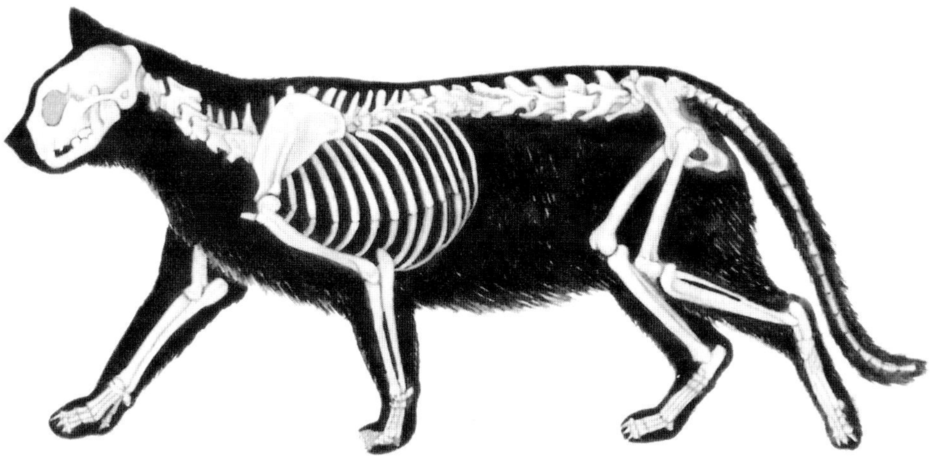

Abb. 1: Die Katze läuft quasi auf den Finger- bzw. Zehenknochen. Ellenbogen- bzw. Kniegelenke liegen bereits nahe an Brust bzw. Bauch. Die berühmte Beweglichkeit der Katzen beruht auf der erhöhten Anzahl von Rückenwirbeln.

Die spezielle Anatomie der Katze ermöglicht es ihr, enorme Sprünge auszuführen. Katzen springen ca. 1,50 Meter weit und sicher zwei Meter hoch. Unsere Katze Martha hat bei der Jagd nach einem Insekt einmal mit der Nase eine kleine Delle in die Styropordecke unserer Altbauwohnung gedrückt. Bei dem Sprung auf eine Höhe von 3,40 Meter hatte sich Martha vom Boden nur einmal am Tisch kurz abgestoßen. Das Insekt hatte keine Chance. Die Delle an der Decke war mir immer eine liebe Erinnerung an diese wahre Meisterleistung.
Natürlich sind auch alle anderen Organe auf die Jagd der Katze zugeschnitten. Die Tiere hören besonders hohe Töne, die sie mit ihren beweglichen Ohren sehr gut orten können. Sie hören die Maus deshalb, bevor sie sie sehen. Die feine Nase erschnuppert die geringste Beutespur.

Die Augen dürfen wohl als der schwächste Sinn der Katze gelten. Zwar erkennt die Katze die meisten Farben, doch richtig gut sieht sie nur bewegliche Objekte, nicht aber die unbewegten. Solange die Maus stillsitzt, ist sie also relativ sicher, kaum versucht sie jedoch zu fliehen, fällt sie der Katze auf. Die Katzenpfote wird blitzschnell mit den spitzen Krallen nach ihr greifen. Erlegt wird die Beute jedoch mit den Zähnen. Die spitzen Eckzähne gleiten wie kleine Dolche in den Mäusekörper hinein, ein Zahn wird dabei zwischen die Wirbel in den Rückenmarkskanal am Hals gestoßen, so daß die Maus augenblicklich stirbt.

Abb. 2: Katzen landen beim Fallen durch eine geschickte Drehung in der Luft fast immer auf allen vier Pfoten.

Nun gilt es, den Nager ohne Eßbesteck zu verzehren. Dabei helfen die ausgeprägten Reißzähne in den Wangen der Katze. Sie halten wie eine Schere die Beute fest und reißen davon Stück für Stück ab. Dabei werden die Knochen durchaus mitgefressen, lediglich die Gallenblase mit der bitteren Gallenflüssigkeit bleibt zurück. Bei größeren Beutetieren, Koteletts oder Fischen werden die Knochen bzw. die Gräten fein säuberlich abgenagt. Dabei helfen die winzigen Schneidezähne und die rauhe Zunge, die alles vom Knochen herunterraspeln können.
Anders als wir Menschen haben Katzen kaum verdauungsfördernde Enzyme in ihrem Speichel. Im Maul wird die Nahrung lediglich mechanisch zerkleinert und verdünnt. Bei ihnen beginnt die eigentliche Verdauung deshalb erst im Magen. Übrigens können Katzen keinen süßen Geschmack wahrnehmen. Ihre Vorliebe für ein Futter entwickeln sie über einen für sie aromatischen Geruch. Katzen lieben Fett und Öl.
Die Verdauung im Magen unterscheidet sich kaum von der des Menschen: Auch bei Katzen verdauen Salzsäure und Pepsin in erster Linie die Eiweiße, also

Abb. 4: Mit ihren langen Eckzähnen, den Fangzähnen, ergreifen die Katzen ihre Beute und töten sie. Mit den scherenartigen Reißzähnen zerlegen sie eine Maus Stück für Stück.

Abb. 3: Die am stärksten entwickelten Sinne der Katze sind Hören und Riechen. Die Augen sind zwar lichtempfindlich, reagieren aber vor allem auf Bewegung. Im Dunkeln orientieren sich die Katzen auch mit Hilfe ihrer Schnurrhaare.

Fleisch. Im Dünndarm werden Fette und Kohlenhydrate gespalten, die Bauchspeicheldrüse liefert die dazu notwendigen Fermente. Katzen besitzen keinen Wurmfortsatz an ihrem Blinddarm und können demzufolge auch keine Blinddarmentzündung bekommen.

Im Dickdarm wird dem Kot dann schließlich das Wasser entzogen – fertig ist die Katzenwurst. Übrigens sollte man sich die Katzenwürstchen durchaus ansehen, da sie Hinweise auf eventuelle Krankheiten wie Wurmbefall (siehe *Seite 78*) liefern können. Der Katzenkot sollte klein und fest geformt sein, nicht allzusehr stinken und im Schnitt zweimal am Tag ausgeschieden werden.

Katzengerechte Ernährung

Entsprechend der enormen Zahlen an Haustieren (siehe *Seite 14*) haben sich inzwischen ganze Industriezweige darauf spezialisiert, Nahrung und andere Produkte rund ums Tier anzubieten. 1995 wurden in Europa 1,5 Mrd. DM allein für Heimtiernahrung ausgegeben, in Deutschland wurden 815 000 Tonnen Kleintierfutter verkauft. Bei den Produkten geht es dabei längst nicht mehr nur um die Erfüllung der normalen Bedürfnisse der Tiere, sondern der Markt lockt heute mit Spezial- und Exklusivprodukten, unter denen sich der Verbraucher oft nur noch mit Schwierigkeiten zurechtfindet. Ganze Firmen existieren von solchen Exklusivangeboten oder teurem Schnickschnack – auch für die Katzen.

Abb. 1: Katzen sind Fleischfresser und keine Müllschlucker für den Tischabfall. Auf dem Land helfen sie heute noch, die Mäusebevölkerung in Grenzen zu halten.

Die Katze ist kein Müllschlucker

Während für einige Tierhalter die Investitionen in ihre Katze nicht hoch genug sein können, gibt es andere Tierbesitzer, die meinen, daß ihre Katze nichts kosten dürfe. Immer noch geistert nämlich bei vielen Menschen die Mär vom Resteverwerter Katze herum. Doch Katzen sind keine Müllschlucker. Wenn sie ausschließlich mit Tischabfällen ernährt werden, kommt es bei ihnen sehr schnell zu Mangelerscheinungen, denn Katzen sind zum einen auf Fleisch angewiesen (siehe *Seite 42*), zum anderen benötigen sie bestimmte Mineralien. Auf keinen Fall kann eine Katze als Vegetarierin leben. Auch wenn ihr Besitzer auf Fleisch verzichtet, für die Katze wird er es wohl oder übel kaufen müssen. Weiterhin sind Vitamine notwendig und für eine gesunde Ernährung auch Kohlenhydrate in Form von Getreide oder Reis und Gemüse, die Stärke und Traubenzucker (Glucose) liefern. Glucose stellt die notwendige Energie für alle Zellfunktionen bereit. Zwar können Katzen den benötigten Traubenzucker auch aus anderen Stoffen im Körper bilden, doch dazu ist ein größerer Energieaufwand notwendig. Deshalb sind Kohlenhydrate zwar nicht lebensnotwendig, aber durchaus sinnvoll. Bekommt die Katze allerdings zuviel Kohlenhydrate, zum Beispiel mit Tischresten, dann speichert sie diesen Überschuß als Fett – und wird dick.

Natürlich haben die Katzen in der Vergangenheit nicht von Fertigfutter gelebt. Auf dem Bauernhof wurden und werden die Tiere in der Regel tatsächlich mit Speiseresten gefüttert, doch es gibt hier noch etwas anderes, was wir unseren Stubentigern in der Regel nicht bieten können: Mäuse. Die Maus ist das ideale Beutetier für die Katze: Sie hat Fleisch, ihre Knochen strotzen vor Mineralien, in ihrem Darm befinden sich bereits vorverdaute Körner und Gemüse mit entsprechenden Vitaminen. Um gesund und vital zu bleiben, muß eine Katze pro Tag ca. fünf Mäuse fressen. Die Essensreste sind für sie eher eine Ergänzung und Abwechslung, nicht jedoch die Hauptmahlzeit.

Wer seiner Katze pro Tag fünf Mäuse bieten kann, der darf ohne schlechtes Gewissen zusätzlich mit Speiseresten füttern. Ansonsten sollte er auf ausgewogene Kost ausweichen, die man auch wunderbar selbst zubereiten kann. Unsere Rezepte (siehe ab *Seite 47*) garantieren eine optimale und gesunde Ernährung und sind viel kreativer, abwechslungsreicher und zudem naturbelassener als jedes Fertigfutter.

Fertigfutter – so wertvoll wie fünf Mäuse

Der Handel bietet eine Fülle von Fertignahrungsmitteln für Katzen an. Wer einmal ein Tierfachgeschäft oder einen spezialisierten Tiergroßmarkt aufsucht, wird sich schier erschlagen fühlen von der Produktfülle. Für den „Katzeneinsteiger" kann dies zur Verwirrung führen, weiß er am Ende vielleicht überhaupt nicht mehr, welches Produkt für seinen Schützling geeignet und gut ist. Im normalen Supermarkt ist die Situation übersichtlicher. Dort finden sich vielleicht zwei, drei oder vier Marken in verschiedenen Preisklassen.

Man unterscheidet Weichfutter in Dosen und Trockenfutter in Kartons oder Tüten. Sie alle sind als Alleinfuttermittel für Katzen ausgewiesen und somit in gewisser Weise „idiotensicher".
Solche Fertigprodukte oder Fertiggerichte stellen meist die Hauptnahrungsquelle von Haus- und Stubenkatzen dar. Viele Tiere sind so stark an bestimmte Futtersorten bzw. Marken gewöhnt, daß sie kaum oder überhaupt keine anderen Speisen akzeptieren. Gerade Jungtiere können regelrecht auf einen bestimmten Geschmack geprägt werden, dem sie unter Umständen ihr ganzes Leben lang „treu" bleiben. Das führt zu Problemen, wenn Sie zum Beispiel nach einem Umzug das gewohnte Futter nicht mehr kaufen können. Eine abwechslungsreiche Kost kann diesem Trend entgegenwirken. Insbesondere unsere Rezepte bieten eine große Vielfalt und locken die Katze an immer neue Gerichte und Geschmacksnoten heran. Eine Prägung auf eine bestimmte Geschmacksrichtung oder ein Aroma bleibt so mit Sicherheit aus. Außerdem hat das

Selberkochen noch einen weiteren Vorteil: Man kann sich von der Zusammensetzung und Qualität der Rohstoffe überzeugen und ist nicht von den oft nur dürftigen Deklarationen auf den Fertigfuttern abhängig.

Abb. 2: Viele Katzen gewöhnen sich leicht an ein bestimmtes Fertigfutter. Selbstgemachtes Katzenfutter verhindert bei der Katze eine Futterprägung und schützt ihre Besitzer vor der Produktabhängigkeit.

Das Katzeneßgeschirr

Die Katze benötigt einen Trinknapf, der stets mit frischem Wasser gefüllt sein sollte, und eine Schüssel für das Futter. Dafür kommen kleine Haushaltsschüsseln aus Plastik, Metall, Porzellan oder Keramik in Frage. Im Handel gibt es auch eigens dafür vorgesehene Futternäpfe, die sehr standfest sind und beim Spiel nicht so leicht umgeworfen werden. Mittlerweile gibt es moderne Doppelschalen, in denen Trocken- und Feuchtfutter getrennt angeboten werden. Wenn die Katze ihr Trockenfutter nicht sofort verzehrt, sondern dies über den Tag verteilt zu sich nimmt, ist die Trennung der Futterschüsseln durchaus sinnvoll, weil das Trockenfutter dann auch trocken und damit haltbar bleibt. Katzen mögen es, wenn ihre Trinkschüssel nicht direkt neben dem Futter steht. Der „Doppelnapf" ist deshalb weniger geeignet, um Wasser und Futter gemeinsam anzubieten.

Die richtige Ernährung

Katzen sind typische Fleischfresser, die sich in ihren Nahrungsansprüchen deutlich vom Menschen, dem „Allesfresser", und vielen anderen Säugetieren wie auch dem Hund unterscheiden. Eine Katze, die ausschließlich Hundefutter oder Essensreste bekäme, würde schwere Mangelerscheinungen zeigen. Ihr würde zum Beispiel die Aminosäure Taurin fehlen, die sie im Gegensatz zum Menschen nicht selbst bilden kann. Katzen müssen die Aminosäure mit der Nahrung, nämlich mit Fleisch, zu sich nehmen.

Auch in ihrem Fettsäurebedarf unterscheidet sich die Katze von uns Menschen. Zwar benötigt sie genau wie wir Linolsäure, sie kann diese in ihrem Körper jedoch nicht ausreichend in die lebensnotwendige Arachidonsäure umwandeln. Die Katze muß also auch Arachidonsäure zu sich nehmen, während Menschen sie selbst bilden können. Katzennahrung muß neben Taurin und Arachidonsäure auch besonders viel Arginin enthalten.

Allerdings kann die Katze nicht von Fleisch und Fett allein leben, sondern benötigt zusätzlich Kohlenhydrate, die sie in der Natur über den Darminhalt ihrer Beute zu sich nimmt (siehe *Seite 43*). Außerdem braucht sie Vitamine und Mineralien, die vor allem in Knochen enthalten sind.

Fett ist ein Energielieferant und sollte als solcher eingesetzt werden, also in Maßen, entsprechend der körperlichen

Abb. 3: Für ein gesundes, langes Leben und ein so prächtiges Aussehen benötigt eine Katze vor allem eine ausgewogene Ernährung mit viel Protein und allen wichtigen Fettsäuren, Mineralstoffen und Spurenelementen.

Aktivität der Tiere: Eine Wohnungskatze braucht weniger als ein Tier, das draußen lebt. Kohlenhydrate liefern leicht verfügbare Energie, sind jedoch nicht so kalorienhaltig wie Fett. Ein geringer Anteil Ballaststoffe ist in der Regel in jeder „künstlichen" Katzenmahlzeit enthalten: Ballaststoffe sorgen für eine gute Konsistenz des Darminhalts und verbessern damit die Darmpassage.

Insbesondere der Bedarf an Calcium ist bei der Katze groß. Jungtiere, die zuwenig Calcium zu sich nehmen, zeigen oft Störungen im Skelettbau. Eine Katze, die von Tischabfällen ernährt wird, leidet bezüglich der Mineralien, Vitamine und Spurenelemente sehr schnell unter Mangelerscheinungen. Wenn jedoch nur hin und wieder Essensreste gefüttert werden, so kann der Zusatz eines Mineralfutters (HT) die Mahlzeit aufwerten. Zwar haben wir dann immer noch kein Katzenfutter vor uns, sondern nur ein „aufgepepptes Menschenfutter", aber auch bei der Katze sind hin und wieder Zugeständnisse erlaubt.
Rühren oder kneten Sie pro Tag 1 – 1½ Meßlöffel (ca. ½ Teelöffel) Mineralfutter HT in die Katzenmahlzeit. Dieses Mineralfutter darf aber auf keinen Fall auf Fertigfutter gegeben werden, denn diese enthalten schon die Zusätze in der richtigen Menge. Zuviel des Guten kann nämlich durchaus gefährlich werden. Magnesium und Phosphor beispielsweise fördern bei kastrierten Katern die Harnstein- oder Harngriesbildung (siehe *Seite 71*).

Für Katzen tabu: Schokolade, Schweinefleisch und Aspirin!

Der Stoffwechsel der Katze unterscheidet sich von dem des Menschen erheblich. Deshalb müssen Katzen bestimmte Stoffe (zum Beispiel Taurin, Arachidonsäure) mit der Nahrung zu sich nehmen (siehe *Seite 42*). Zum anderen können aber bestimmte Substanzen, die für uns völlig harmlos sind, für die Katze fatale Folgen haben. Es handelt sich um Stoffe, die die Katze nicht abbauen kann, die sich deshalb im Körper des Tieres anhäufen und langfristig zum Tode führen können. Zu ihnen zählt zum Beispiel Theobromin, das in der Schokolade enthalten ist. Mit Schokolade kann man seine Katze regelrecht totfüttern. Generell gilt, daß Medikamente, die für den Menschen gedacht sind, ohne tierärztliche Anweisung auf keinen Fall an Katzen verabreicht werden sollten. Schlimme Folgen rufen auch die Benzoesäure oder deren Salze, die Benzoate, hervor. Diese gebräuchlichen Konservierungsstoffe bedingen ebenfalls eine schleichende Vergiftung der Katze. Hier ist Vorsicht geboten, wenn Menschennahrung unbedacht an Katzen weitergegeben wird, denn oft ist diese mit Benzoesäure konserviert. Sorbinsäure, ein anderer gebräuchlicher Konservierungsstoff, bereitet den Tieren dagegen keine Probleme.

Last not least ist für Katzen rohes Schweinefleisch tabu. Schweine können mit bestimmten Herpesviren infiziert sein, die für den Menschen völlig harmlos sind, bei Katzen und Hunden aber die Pseudotollwut oder Aujeszkysche Krankheit hervorrufen. Diese verläuft in der Regel nach ein bis zwei Tagen tödlich. Es kommt zu Juckreiz, Hirnentzündung und Speichelfluß als Folge einer Kehlkopflähmung. Achtung: Rohes Schweinefleisch findet sich auch in vielen Salamiwürsten und rohem Schinken. Der Fettrand eines solchen Schinkens darf auf keinen Fall an die Katze verfüttert werden. Wer diese Hinweise berücksichtigt, kann getrost seine Katzennahrung selbst herstellen.

Vitaminiertes Mineralfutter HT enthält pro 100 g:

	Mineralstoff		Vitamin
10 g	Calcium	15 mg (RÄ)	Vitamin A
2 g	Phosphor	50 µg	Vitamin D_3
0,2 g	Magnesium	300 mg	Vitamin E
12 g	Natrium	15 mg	Vitamin B_1
250 mg	Eisen	16,5 mg	Vitamin B_2
40 mg	Kupfer	8,5 mg	Vitamin B_6
150 mg	Zink	200 µg	Vitamin B_{12}
40 mg	Mangan	10 µg	Biotin
19 mg	Jod	65 µg	Niacin
8 g	Taurin	18 µg	Pantothensäure

BSE bei Katzen?

Prinzipiell können auch Katzen mit dem Erreger der Rinderseuche BSE infiziert werden. Die Katzenfutterhersteller beziehen allerdings laut eigenen Angaben seit Jahren kein britisches Rindfleisch mehr. Auch die fraglichen Organteile wie Gehirn oder Nervengewebe aus dem Rind werden nicht im Katzenfutter verarbeitet. Bei den Rohstoffen handelt es sich um Schlachthofabfälle, Material aus der Tierkörperbeseitigungsanlage soll nicht verwertet werden. Schlachthofabfälle sind tierische Bestandteile, die Menschen nicht oder nur in kleinem Umfang zu sich nehmen. Kopffleisch, Lunge oder Innereien finden in der Metzgerei eben keinen reißenden Absatz und wandern schließlich in den Katzenmagen.

Katzenfutter mit „Mausgeschmack"

Die Geschmacksrichtungen des Katzenfertigfutters scheinen für uns Menschen naheliegend zu sein. Doch wann wird eine Katze in der Natur eine Kuh verzehren, Krabben angeln oder Lämmer reißen? Eigentlich sollten wir Büchsen mit Maus-, Ratten- oder Kaninchengeschmack erwarten. Doch die Mäusezucht für die Katzenfutterherstellung wäre sicher zu aufwendig und damit zu teuer.

Ein weiteres Argument spielt vermutlich sogar noch eine weitaus wichtigere Rolle: Kaum ein Katzenhalter würde eine Dose mit Rattenfleisch kaufen, weil es vermutlich abstoßend erscheinen würde. Katzennahrung wird nicht von Katzen gekauft, deshalb gilt es, die Menschen anzusprechen.
Wie gut dies gelingt, zeigt folgendes Beispiel: Vor der BSE-Debatte aßen die Menschen hierzulande hauptsächlich Rindfleisch, und auch Katzenfutter mit Rind war jahrelang die Nummer eins. Die Japaner beispielsweise essen jedoch sehr gerne Fisch. Wen wundert es dann noch, daß auch die japanischen Katzen hauptsächlich Katzenfutter mit Fischgeschmack genießen dürfen.
Die Verkaufsstrategien der Katzenfutterhersteller richten sich also an den Menschen. Manches Katzenfutter wird in der Werbung sogar mit etwas Petersilie serviert, auf die Katzen nun wirklich verzichten können. Tatsächlich riecht diese Futtersorte für den Menschen sogar besonders angenehm. Um ihrem Tier etwas Gutes zu tun, langen viele für solche Produkte auch tiefer in die Tasche und erstehen so vielleicht ein Produkt, das für die Katze weniger gut geeignet ist als das hausbackene Billigfutter im Supermarkt, für das keine Werbung gemacht wird.
Wir haben eine Reihe von Dosenfertigfuttern in Kaloriengehalt und Zusammensetzung mit den Werten verglichen, die von Tiernahrungsforschern für die Katze angegeben werden. Eine etwa vier Kilogramm schwere Katze benötigt pro Tag ca. 300 kcal und 18 bis 19 Gramm Eiweiß im Trockenzustand (i. Tr.), leichtere Tiere entsprechend weniger (drei-Kilogramm-Katzen ca. 225 kcal bei ca. 14 Gramm Eiweiß), schwerere Tiere entsprechend mehr (fünf-Kilogramm-Katzen ca. 375 kcal und 23 Gramm Eiweiß).
Der Wasseranteil im Dosenfutter liegt bei 80 % und entspricht damit dem der Maus.
Die Unterschiede der einzelnen Futtersorten liegen zunächst einmal im Preis. Ob teure „Luxusfutter" oder No-Name-Produkte, in ihrer Zusammensetzung ähneln sich die Fertigprodukte alle sehr stark. Der Eiweißgehalt (feucht) reicht von 7 % bis 13 %, gewährleistet aber in allen Fällen eine ausreichende Eiweißversorgung des Tieres. Der Kaloriengehalt schwankt lediglich zwischen 82 kcal und 104 kcal pro 100 Gramm.
Leider geben fast alle Hersteller eine zu große Futtermenge an, die bis zu einem Drittel die empfohlene Kalorienmenge pro Tag überschreitet. Bei dieser Dosierung werden schmächtige bis normal große Katzen auf jeden Fall verfetten.

Qualität oder Luxus

Manche Katzenfutter, die im Supermarkt angeboten werden, erwecken den Eindruck sehr hoher Qualität, doch manchmal ist das mehr Schein als Sein, hervorgerufen durch die exklusive Verpackung und einen etwas höheren Preis.

Für die verschiedenen Abschnitte im Leben der Katze gibt es von den meisten Herstellern maßgeschneiderte Futtersorten. Wer sein Tier also optimal versorgen möchte, kann auf diese Produkte zurückgreifen, muß dafür allerdings auch sehr tief in die Tasche langen. Da die Produkte sehr kalorienhaltig sind, benötigen die Katzen dann weniger Futter. Aus Sicht der Hersteller ist das ein Vorteil, aus Sicht der Katze könnte es jedoch ein Nachteil sein, denn ein Tier, das gerne frißt, wird auf diese Weise um einen Teil des Vergnügens gebracht. Wer jedoch einen mäkeligen Esser zu Hause hat, dem wird das ausreichende Füttern auf diesem Weg sehr einfach gemacht. Diese Premiumsorten gibt es oft nur als Trockenfutter, reduziert auf eine Geschmacksrichtung. Wir meinen jedoch, daß auch die Katze ein Recht auf Vielfalt hat, und dies haben wir in unseren Rezepten berücksichtigt.

Kleines Katzenkochbuch

Für Katzen, die Fertigfutter gewöhnt sind, sind selbstgekochte Mahlzeiten zunächst gewöhnungsbedürftig. Für viele Tiere ist das Öffnen der Futterdose als Ritual ein fester Bestandteil der Mahlzeit. Katzen sind Gewohnheitstiere und werden schnell mäkelig, wenn die

Rituale nicht eingehalten werden. Die selbstgekochte Katzenmahlzeit wird also keineswegs immer stürmisch begrüßt und deshalb wird das neue Gericht bei den ersten Mahlzeiten nicht immer sofort verzehrt.

Die Futterschüssel sollte in solchen Fällen den ganzen Tag stehenbleiben, damit die Skepsis langsam überwunden werden kann. Der zunehmende Hunger ermuntert dann doch oft zum Fressen. Der Appetit kommt – auch bei Katzen – beim Essen, und da stellt dann so manche Katze fest, daß selbstgemachte Kost ein besonderer Leckerbissen sein kann.
Um das Tier an andere Speisen heranzuführen, kann das bevorzugte Futter mit selbstgemachtem oder anderem Fertigfutter vermengt werden.
Sollte die Katze das Gericht jedoch völlig ablehnen, so zwingen Sie sie nicht zum Fressen. Katzen sind penible Esser, davon können die großen Katzenfutterhersteller ein Lied singen. Der Herstellung jedes Fertigfutters sind extrem aufwendige Akzeptanztests vorangegangen. Nur so können die Katzenfutterproduzenten einigermaßen sicher sein, daß die meisten Katzen ihre Futtersorte akzeptieren. Wohlgemerkt die meisten, denn einige Katzen sind nie zu überzeugen. Wer also mit den selbstgekochten Speisen keinen Erfolg hat, sollte dies nicht der eigenen Kochkunst anlasten.
Achtung: Lassen Sie Ihre Katze auf keinen Fall länger als einen Tag hungern. Es kann bei den Tieren sehr schnell zu einer sogenannten idiopathischen Lipidose kommen. Bei dieser lebensbedrohlichen Krankheit lagern sich Fette, die vermutlich beim Abbau der Fettreserven im Körper frei werden, in der Leber ab. Die einzige Überlebenschance für die Katze besteht dann nur noch in einer Ernährung mit der Sonde, die natürlich der Tierarzt vornehmen sollte. Geschieht dies nicht, wird der Leberschaden sehr schnell unheilbar, und die Katze wird die Fastenzeit nicht überleben. In manchen Fällen müssen Katzenhalter lernen, zumindest was das Futter angeht, der Katze auch nachzugeben.

Abb. 4: Katzen sind sehr penible Esser. Deshalb machen auch Katzenfutterhersteller aufwendige Akzeptanztests, bevor ein Produkt auf den Markt kommt.

Wenn die Katze nicht frißt

Es gibt verschiedene Gründe, warum eine Katze die Nahrung verweigert. Oft ist es das erste Zeichen für eine Krankheit. Um dies zu überprüfen, können Sie der Katze ihre Lieblingsspeise vorsetzen, wenn sie auch diese verschmäht und zudem einen extrem ruhigen Eindruck macht, könnten tatsächlich körperliche Ursachen hinter dem mangelnden Appetit stecken. Halten die Symptome an, so sollte zunächst Fieber gemessen (siehe *Seite 69*), dann der Tierarzt zu Rate gezogen werden.

Rezepte für ein gesundes Katzenleben

Ballaststoffe für die Katzenküche

Wir haben in den Katzenrezepten jeweils eine kleine Menge von Ballaststoffen zugesetzt, die außer Multipekt Plus Lecithin untereinander ausgetauscht werden können. Sie unterstützen die Verdauung und fördern eine gute Darmflora, letzteres gilt insbesondere für Inulin HT und Gummar HT. Die Wirkung der Ballaststoffe auf Katzen wurde in der Vergangenheit praktisch nicht untersucht. Nachdem die wichtige Bedeutung der Ballaststoffe für den Menschen jetzt nachgewiesen ist, entdecken die großen Tierfutterhersteller auch die Ballaststoffe für Katzen und Hunde. Zur Zeit laufen eine ganze Reihe von Untersuchungen, die sich mit diesem Aspekt beschäftigen. Erste Ergebnisse sind ermutigend und zeigen u. a., daß die Stoffumsetzung im Darm der Katze durch die Ballaststoffe postiv beeinflußt wird.

Die in unseren Rezepten angegebenen Dosierungen der Ballaststoffe sollten allerdings in jedem Fall eingehalten werden, da der Fleischfresser Katze bei mehr empfindlich reagieren könnte. Blähungen – auch bei der von uns angegebenen Dosierung – sind ein Alarmzeichen. Hier sollte auf einen anderen Ballaststoff ausgewichen werden bzw. die Dosis verkleinert oder die Ballaststoffe ganz weggelassen werden. Zusätzliche Ballaststoffe sind in der Katzenernährung keineswegs zwingend, anders als das Mineralfutter HT sind sie durchaus entbehrlich.

Erbsenfaser HT
Das helle, feingemahlene Mehl aus Erbsenschalen ist weitgehend geschmacksneutral. Es enthält 90 % Gesamtballaststoffe, davon sind 82 % unlösliche und 8 % lösliche Bestandteile. Gleichzeitig hat es nur sehr wenige Kalorien.

Gummar HT
Dieser lösliche Ballaststoff wird aus dem Harz verschiedener afrikanischer Akazien gewonnen und hat den Namen *Gummi arabicum*. Das sprühgetrocknete Baumharz besteht aus verschiedenen Zuckern und einer organischen Säure. Gummar hat praktisch keine Kalorien, ist geschmacksneutral und verursacht keine Blähungen. Er fördert eine gute Verdauung und unterstützt die Darmflora.

Hafercrispies Super HT
Sie bestehen aus Haferspeisekleie, Weizenfasern, Maisgrieß, Apfelsüße HT, Apfelfruchtpulver, Magermilchpulver, Salz, Lecithin und natürlichen Aromastoffen. Der Ballaststoffanteil liegt bei 30 % (26 % unlösliche und 4 % lösliche Ballaststoffe). 100 Gramm enthalten 286 kcal. Man kann einmal am Tag einen halben bis einen Meßlöffel davon auf das Futter oder Fertigfutter der Katze geben.

Inulin HT
Der lösliche Ballaststoff wird aus Zichorien gewonnen. Inulin HT besteht fast ausschließlich aus Fruchtzuckerbaustei-

Abb. 1: Ein halber Meßlöffel Hafercrispies zum selbstgemachten Futter täglich ist genug, um die Katze mit den notwendigen Ballaststoffen zu versorgen.

nen. Es fördert die Verdauung und unterstützt genau wie Gummar die Darmflora. Inulin kann sogar beim Menschen schwere Blähungen verursachen, deshalb sollten Sie die Dosierungsanleitung unbedingt einhalten.

Konjacmehl und Konjac-Konzentrat HT

Beide Ballaststoffe stammen aus der japanischen Konjacpflanze. Die riesigen Moleküle, sogenannte Glucomannane, können auf das 200fache quellen. Achtung: Bei einer Überdosierung kann insbesondere das besonders quellfähige Konjac-Konzentrat den Verdauungstrakt der Katze verstopfen.

Multipekt Plus Lecithin

Das Ballaststoffprodukt mit einem charakteristischen natürlichen Apfelgeschmack besteht aus reinem Apfelpektin und Apfelfaserballaststoffen mit Zusätzen von Vitaminen und Mineralstoffen. In 100 Gramm sind enthalten: 170 Milligramm Vitamin C, 40 Milligramm Vitamin E, 13 Milligramm Beta-Carotin, außerdem Calcium- und Magnesiumcarbonat, dazu kommt noch Lecithin. 100 Gramm Multipekt Plus Lecithin haben 200 kcal und entsprechen 3,2 Broteinheiten. Multipekt Plus Lecithin hat einen Gesamtballaststoffgehalt von 34%, davon 20% lösliche Ballaststoffe.

Weizenfaser HT

Das Mehl aus Weizenfasern hat praktisch keinen Eigengeschmack. Der Ballaststoffgehalt liegt bei 95 %, davon sind 90 % unlöslich. Das Pulver eignet sich besonders als Zugabe in Backwaren.

Xanthan

Xanthan ist ein natürlicher Verdicker und wirkt im Körper als Ballaststoff. Der stärkeähnliche Stoff wird für den Menschen sowohl in der Ernährung als auch in der Kosmetik eingesetzt.

Gut und preiswert

Wer seine Katzen bekocht, wird keineswegs automatisch Geld sparen, sondern muß beim Einkauf auf günstige Preise achten. Viele Metzger, insbesondere die, die noch selber schlachten, verkaufen Schlachtabfälle als Tiernahrung. Hier können zum Beispiel Kopffleisch, Lunge oder andere Innereien frisch und preisgünstig erworben werden. Manche Supermärkte oder Tierfachgeschäfte bieten spezielles Fleisch für Tiere in tiefgefrorener Form an. Informieren Sie sich in ihrer Umgebung über die verschiedenen Möglichkeiten.

Natürlich können auch eigene Fleischabfälle in der Katzenküche Verwendung finden. Fettränder (außer vom Schwein), zähe, knorpelige Ecken, all dies kann in die Katzenmahlzeit wandern und verursacht keine zusätzlichen Kosten.
Die folgenden Gerichte und Mengenangaben reichen für eine ca. vier Kilogramm schwere Katze für einen Tag als Alleinfuttermittel. Da sie wenig Wasser enthalten, erscheint die Portion meist kleiner als beim herkömmlichen Dosenfutter. Die Rezepte lassen sich sehr gut vorkochen und in Portionen einfrieren. So können Sie der Katze auch Selbstgekochtes füttern, wenn Ihnen die Zeit für eine frische Zubereitung fehlt.
Mit einem Schnellkochtopf können Sie die jeweiligen Gerichte auch sterilisieren, wodurch sie mindestens eine Woche haltbar werden. Die jeweiligen Gerichte dazu einfach in kleine Einmachgläser füllen, Wasser in den Schnellkochtopf geben und die Gläschen in den Dämpfeinsatz stellen. Den Schnellkochtopf fest verschließen und bei höchster Stufe so lange kochen, bis der zweite Ring am Ventil des Topfes

erscheint. Dann auf mittlere Stufe herunterschalten und ca. sieben Minuten weiter unter Druck garen.
Die Rezepte verstehen sich als Vorschläge. Einzelne Zutaten können natürlich untereinander ausgetauscht werden. Wenn Sie für sich Seelachs braten, können Sie selbstverständlich mit den Resten dieses Fisches den im Rezept angegebenen Rotbarsch ersetzen. Planen Sie schon im voraus Fleischreste und Fischabfälle für das Katzenmenü ein.

Die angegebenen Öle können untereinander ausgetauscht werden, wobei sich Distelöl auf das Katzenfell besonders günstig auswirkt. Obwohl unsere Rezepte speziell für die Katze entwickelt wurden, empfiehlt es sich, für Abwechslung zu sorgen. Genau wie wir Menschen erhält auch die Katze durch eine abwechslungsreiche Küche eine optimale Ernährung.

Katzenminze
Oft ist in den Rezepten auch eine Prise Katzenminze angegeben. Diese Pfefferminzart (*Nepeta cataria*) wird von Katzen besonders geschätzt. Manchmal werden auch andere Minzearten unter der Bezeichnung Katzenminze geführt. Entscheidend dabei ist allein, daß die Katze sie mag. Es gibt getrocknete Katzenminze zu kaufen, man kann sie aber auch selber auf dem Balkon oder im Garten ansäen. Den Samen erhalten Sie in allen Sämereien.

Elli's Lungenhaschee

2 EL	(24 g) Reis (entspricht ca. 70 g gegartem Reis)
70 g	Rinderlunge
10 g	Rinderleber
1 TL	Weizenkeimöl
100 g	Erbsen (konserviert oder tiefgekühlt)
½ Meßl.	Erbsenfaser HT
1½ Meßl.	Mineralfutter HT
1 Prise	Katzenminze

Energiegehalt: ca. 280 kcal
Eiweißgehalt: ca.32 % i. Tr.

Wasser in einem Topf zum Kochen bringen und Reis darin garkochen. Fleisch waschen und kleinschneiden. Öl in einem Topf erhitzen, und Leber und Lunge darin anbraten. (Der Leberanteil kann auch durch Lunge ersetzt werden.) Nach ca. sieben Minuten die Erbsen zufügen und bei milder Hitze mitgaren. Mit einer Tasse Wasser (125 Milliliter) ablöschen. Wer konservierte Erbsen verwendet, kann den Erbsenfond zum Ablöschen nehmen. Erbsenfaser HT und Mineralfutter HT zum Schluß unterrühren, Katzenminze zufügen und grob pürieren.

Innereien-Cocktail

60 g	Kartoffel (= 1 mittelgroße Kartoffel)
1 EL	Distelöl
30 g	Rinderniere
30 g	Rinderherz
30 g	Rinderlunge
40 g	Apfelmus
½ Meßl.	Weizenfaser HT
1 Meßl.	Mineralfutter HT
1 Prise	Katzenminze

Energiegehalt: ca. 270 kcal
Eiweißgehalt: ca. 31 % i. Tr.

Kartoffel waschen, schälen, in Würfel schneiden und in kochendem Wasser garen. Öl in einer Pfanne erhitzen. Innereien waschen und in kleine Stücke schneiden und im Öl anbraten. Nach ca. acht bis zehn Minuten die gegarten Kartoffelwürfel und das Apfelmus zufügen. Dann Weizenfaser HT, Mineralfutter HT und Katzenminze zugeben und alles grob pürieren.

Katzensuppe

40 g	Suppennudeln
1 TL	Distelöl
60 g	Hühnerfleisch
30 g	Möhren (= 1 kleine Möhre)
½ l	Wasser
1 TL	Hefebrühe
1 TL	gehackte Petersilie
½ Meßl.	Gummar HT
1 Meßl.	Mineralfutter HT

Energiegehalt: ca. 290 kcal
Eiweißgehalt: ca. 29 % i. Tr.

Wasser in einem Topf zum Kochen bringen und Nudeln darin garen. Distelöl in einem Topf erhitzen. Geflügel abwaschen, mit Küchenpapier trockentupfen und würfeln. Das Fleisch in dem Öl bei mittlerer Hitze anbraten. Möhre

Abb. 2: Die Katzensuppe ist ein reichhaltiges und kaloriengerechtes Gericht für jeden Tag.

waschen, schälen, kleinraspeln und zu dem Geflügel geben. Einen halben Liter Wasser zufügen, Hefebrühe und Petersilie einrühren und ca. fünf Minuten kochen lassen. Dann die Nudeln zufügen, abkühlen lassen und noch einmal etwas pürieren. Gummar HT und Mineralfutter HT zugeben.

Rindfleisch-Gemüse-Eintopf

80 g	Kartoffel (= 1 mittelgroße Kartoffel)
10 g	Leber
50 g	Rindfleisch
1 TL	Distelöl
40 g	Möhren
40 g	Zwiebellauch (= 1 dickere Stange)
40 g	Joghurt, fettarm (⅓ Becher)
½ Meßl.	Gummar HT
1 Meßl.	Mineralfutter HT
1 TL	Schnittlauch

Energiegehalt: ca. 260 kcal
Eiweißgehalt: ca. 29 % i. Tr.

Kartoffel waschen, schälen, kleinschneiden und in kochendem Wasser garen. Leber und Rindfleisch waschen, mit Küchenpapier trockentupfen und in kleine Stücke schneiden. Öl in einem Topf erhitzen und Fleisch darin anbraten. Möhren und Zwiebellauch putzen, waschen und in kleine Stücke schneiden. Das Gemüse zum Fleisch geben und mitdünsten. Mit 50 Millilitern Wasser (ca. eine halbe Tasse) ablöschen. Gegarte Kartoffelwürfel untermengen, einmal aufkochen, dann Joghurt, Mineralfutter HT und Gummar HT sowie den Schnittlauch zufügen und pürieren.

Bei kleinem Geldbeutel sind besonders Innereien wie Nieren, Herz und Lunge, egal ob vom Rind, Lamm, Schwein, Huhn oder Kaninchen, preisgünstige und nahrhafte Zutaten. Leber sollte hingegen wegen ihres hohen Vitamin-A-Gehalts nur hin und wieder verwendet werden, Hirn kommt wegen der BSE-Problematik nicht in Frage.

Hühnerherzen à la Katz

60 g	Hühnerherzen
1 EL	Weizenkeimöl
30 g	Nudeln
30 g	Linsen
1 Prise	Katzenminze
½ Meßl.	Erbsenfaser HT
1 Meßl.	Mineralfutter HT

Energiegehalt: ca. 290 kcal
Eiweißgehalt: ca. 26 % i. Tr.

Hühnerherzen oder Herzfleisch anderer Tiere (siehe *oben*) mit dem Speiseöl anbraten. Nudeln und Linsen garkochen und zusammen zu den Hühnerherzen in die Pfanne geben. Katzenminze, Erbsenfaser und Mineralfutter zusetzen, pürieren – fertig. Einige Supermärkte führen Hühnerherzen sogar in fertig abgepackten Schälchen.

Nierchen delikat

50 g	Rinderniere
1 TL	Maiskeimöl
20 g	Linsen
20 g	Haferflocken
1 TL	Schnittlauch
½ Meßl.	Inulin
1½ Meßl.	Mineralfutter HT

Energiegehalt: ca. 280 kcal
Eiweißgehalt: ca. 26 % i. Tr.

Niere waschen, mit einem Tuch trockentupfen und im Speiseöl anbraten. Linsen kochen und Haferflocken im Kochwasser der Linsen anrühren. Linsen und Haferflocken zu der Niere

Abb. 3: Hühnerherzen à la Katz: ein preisgünstiges und nahrhaftes Katzengericht.

geben. Schnittlauch, Inulin und Mineralfutter zusetzen, pürieren. Die Niere kann auch von einem Schwein, Schaf, Kaninchen oder anderen Tier stammen. Insbesondere Lamminnereien können gut über orientalische, insbesondere türkische Geschäfte bezogen werden.

Premiumfutter HT – Spezialitäten für gesunde Katzen

Hühnerfrikassee

1½ EL	(20 g) Reis (entspricht ca. 60 g gekochtem Reis)
1 TL	Distelöl
50 g	Hähnchenfleisch
50 g	Erbsen (tiefgekühlt oder konserviert)
1 TL	Schnittlauch
½ Meßl.	Inulin HT
1 Meßl.	Mineralfutter HT
80 g	Katzentrinkjoghurt HT oder Joghurt, vollfett (¾ Becher)

Energiegehalt: ca. 260 kcal
Eiweißgehalt: ca. 29 % i. Tr.

Wasser in einem Topf zum Kochen bringen und den Reis darin garkochen. Öl in einem Topf erhitzen, Hähnchenfleisch abwaschen, mit Küchenpapier trockentupfen und in feine Würfel schneiden. Hähnchenwürfel in dem Öl goldbraun anbraten. Erbsen zufügen und mit einer Tasse Wasser (125 Milliliter) auffüllen. Wer Gemüse aus der Büchse verwendet, kann den Gemüsefond nehmen. Einmal aufkochen lassen und den Schnittlauch einstreuen. Alles grob pürieren, Inulin HT und Mineralfutter HT zugeben, Joghurt oder Katzentrinkjoghurt (Rezept siehe *Seite 63*) unterrühren und der Katze servieren.

Katz und Maus

100 g	Kartoffel (= 1 große Kartoffel)
45 g	Rinderhack
1	gekochtes Ei
60 g	Erbsen und Möhren (Konserve)
1 Meßl.	Mineralfutter HT
½ Meßl.	Gummar HT
1 Prise	Katzenminze

Energiegehalt: ca. 270 kcal
Eiweißgehalt: ca. 29 % i. Tr.

Kartoffel waschen, schälen, kleinschneiden und in kochendem Wasser garkochen. Rinderhack in 50 Milliliter des

Gemüsefonds der Erbsen und Möhren garen. Kleingeschnittenes Ei, Gemüse und Kartoffeln zufügen, Mineralfutter HT und Gummar HT zufügen, mit Katzenminze würzen und grob pürieren.

Katzen-Rindsgulasch

50 g	Rindfleisch
30 g	Nudeln
20 g	Getreideflocken (Schmelz- oder Haferflocken)
1 Meßl.	Mineralfutter HT
½ Meßl.	Gummar HT
1 Prise	Katzenminze

Energiegehalt: ca. 290 kcal
Eiweißgehalt: ca. 27 % i. Tr.

Rindfleisch in Stücke schneiden. In einem Topf Wasser zum Kochen bringen, Nudeln und Rindfleisch zufügen und garkochen. Wenn die Nudeln das ganze Wasser aufgenommen haben, noch ca. eine Tasse Wasser zufügen und die Getreideflocken unterrühren. Mineralfutter HT, Gummar HT und Katzenminze zusetzen und grob pürieren. Das Katzengulasch sollte eine leicht sämige Konsistenz haben. Wenn es zu fest ist, noch etwas Wasser zufügen.

Rindertopf mit Haferflocken

50 g	Rinderhackfleisch
10 g	Rinderleber
1 TL	Olivenöl
20 g	Haferflocken
1 Meßl.	Mineralfutter HT
½ TL	Hafercrispies Super HT

Energiegehalt: ca. 290 kcal
Eiweißgehalt: ca. 30 % i. Tr.

Rinderhack und klein geschnittene Leber in heißem Öl gut anbraten. Den Herd auf geringste Stufe zurückstellen, Getreideflocken und ca. zwei Tassen Wasser (250 Milliliter) zufügen. Einmal aufkochen lassen und ca. fünf Minuten ohne Hitzezufuhr quellen lassen. Mineralfutter und Hafercrispies HT sowie eventuell noch etwas Wasser zufügen; die Masse sollte leicht sämig sein. Dann pürieren. Die schwefelhaltigen Aminosäuren, die im Hackfleisch und in der Leber vorhanden sind, sorgen für einen sauren Harn und sind deshalb besonders für kastrierte Kater, die unter Struvit (siehe *Seite 71*) leiden, zu empfehlen. Viele Katzen schätzen beim Fertigfutter sogenanntes Jelly. In der Dose hält es die Futterbrocken saftig, auf dem Teller kann die Katze es schlabbern. Ein solches Jelly ist leicht hergestellt, wir haben es Katzensauce HT genannt.

Katzensauce HT

2 gestr. Meßl.	klare Hefebrühe
125 ml	Wasser
ca. 1 geh. Meßl.	Xanthan oder Konjacmehl bzw. -konzentrat

Energiegehalt: ca. 10 kcal
Eiweißgehalt: ca. 27 % i. Tr.

Hefebrühe mit kochendem Wasser aufschütten und abkühlen lassen. Mit Xanthan oder Konjacmehl bzw. Konjac-Konzentrat andicken. Xanthan verleiht der Sauce eine körnige Struktur, bei den weitaus teureren Konjacprodukten ist die Sauce schön glatt. Die Katzensauce kann auf alle Speisen gegeben oder sogar allein gefüttert werden.

Rezepte für Katz & Mensch

Bei aller Kocherei für die Katze soll der Mensch natürlich nicht zu kurz kommen. Wenn wir kulinarische Köstlichkeiten für uns zubereiten, können wir natürlich schon an die Katze denken: den „Abfall" eingeplant und vielleicht die eine oder andere Portion etwas größer bemessen. Auch wer Gäste zu besonderen Anlässen einlädt, kann kombiniert kochen, zum Beispiel einen exklusiven Lachsauflauf für die Gäste und eine kleine „Lachstorte" aus den Resten für das Tier. Katzen, die normalerweise über ein volles Haus nur wenig erfreut sind, werden so mit der guten Mahlzeit über den durch den Besuch verursachten Streß hinweggetröstet. Bei den ausgefallenen Katz & Mensch-Rezepten bietet es sich an, die jeweils wichtigsten Zutaten zusammen vorzubereiten und zu garen. Die Zutaten für die Katzenmahlzeit können einfach in der jeweiligen Eßlöffelmenge abgenommen werden. Die Mengenangaben stehen in Klammern hinter der jeweiligen Zutat.

Krabbencocktail

Für den Menschen (2 Portionen)

60 g	Reis
2 EL	Distelöl
1	Knoblauchzehe
200 g	Lachsfilet
100 g	Nordseekrabben
1	unbehandelte Orange
100 g	Magerquark
1 Meßl.	Gummar HT
1 TL	süßer Senf
	Zucker oder Süßstoff HT
1 Spritzer	Frusip's Orange
1 EL	gehackter Dill
	Salz, Cheyennepfeffer
1 TL	Cashew-Nüsse
	einige Dillzweige zum Garnieren

Energiegehalt: ca. 1060 kcal
(pro Person ca. 530 kcal)

Wasser in einem Topf zum Kochen bringen. Reis darin garkochen. In der Zwischenzeit Distelöl in einer Pfanne erhitzen, Knoblauchzehe abziehen, zerdrücken und im heißen Fett bräunen. Lachs waschen, in Würfel schneiden und zufügen. Wenn der Lachs fast gar ist, die Krabben dazugeben und wenige Minuten mitgaren. Orange halbieren, indem Sie sie kreuzweise einschneiden, und auspressen. Orangenhälften von dem restlichen Fruchtfleisch befreien und beiseite stellen. Aus dem Orangensaft, Magerquark, Gummar HT und Senf eine Marinade rühren und mit Zucker (wer Süßstoff verwendet, kann die Tablette vorher im Orangensaft auflösen), Frusip's Orange, Dill, Salz und Pfeffer abschmecken. Chashew-Nüsse ohne Fett in einer Pfanne rösten. Gegarten Reis (Katzenportion zusätzlich mitgekocht und dann abgenommen) mit der Krabben-Lachs-Mischung vermengen und in die beiseite gestellten Orangenhälften füllen, mit der Marinade anrichten und mit den gerösteten Cashew-Nüssen bestreuen. Mit Dillzweigen garnieren.

Für die Katze (1 Tagesportion)

2 EL	Reis (ca. 6 EL gegarter)
1 EL	Distelöl
1 TL	gehackter Knoblauch
20 g	Lachsabfälle, entgrätet (1½ EL)
30 g	Nordseekrabben (2 EL)
60 g	Quark (Magerstufe)
1 TL	Dill, gehackt
½ Meßl.	Inulin HT
1 Meßl.	Mineralfutter HT

Energiegehalt: 280 kcal
Eiweißgehalt: 33 % i. Tr.

Wasser in einem Topf zum Kochen bringen und Reis darin garkochen. In der Zwischenzeit Öl in einer Pfanne erhitzen. Knoblauchzehe abziehen, fein würfeln oder zerdrücken und im Öl kurz andünsten. Lachs waschen und in feine Würfel schneiden, mit den Krabben in das Öl geben und ca. fünf Minuten mitschwitzen. Wem die Krabben zu teuer sind, der kann statt dessen den Lachsanteil um 30 Gramm erhöhen oder andere Fischreste im gleichen Verhältnis zusetzen. Dann Magerquark und Dill zufügen. Zum Schluß den gegarten Reis, Inulin HT und Mineralfutter HT untermengen und der Schlemmerkatze lauwarm oder kalt servieren.

Sushi-Spezial

Für den Menschen (2 Portionen)

80 g	Rundkornreis (ca. 240 g gegarter Reis)
1 EL	Essig
1 TL	Salz
1 TL	Sojasauce
1	Tablette Lightsüß HT
1 Meßl.	Konjac-Konzentrat
150 g	Seelachs
150 g	Heringsfilet
ca. 6	Algenblätter

Energiegehalt: ca. 750 kcal
(pro Person ca. 375 kcal)

Wasser in einem Topf zum Kochen bringen. Reis darin garkochen. Essig, Salz, Sojasauce und Süßstoff (löst sich auf) miteinander vermischen. Konjac-Konzentrat einstreuen und verrühren. Fisch waschen und in dünne Streifen schneiden, die Länge der Streifen sollte in etwa der Breite eines Algenblattes entsprechen.
Gegarten Reis mit der Essig-Soja-Marinade vermengen. Jeweils ein Algenblatt auf eine Bambus-Rollmatte (oder auch ein kleines Handtuch oder eine Baumwollserviette) geben und erst den Reis auf dem Algenblatt, dann die Fischstreifen als Kernstück in der Mitte

Abb. 4: Schmackhafte Sushis für Katz und Mensch lassen sich mit Hilfe einer Bambus-Rollmatte oder auch eines kleinen Küchentuchs leicht selbst herstellen.

plazieren. Die Bambus-Rollmatte oder die Serviette ganz aufrollen und das Sushi dabei kräftig mit beiden Händen drücken. Das fertige Sushi auswickeln, an den Enden gut andrücken und mit einem scharfen Messer in Scheiben schneiden.
Da viele Deutsche eine Abneigung gegen rohen Fisch hegen, können die japanischen Sushi durchaus etwas europäisiert werden, indem man die jeweiligen Fischsorten kurz andünstet oder geräucherten Fisch verwendet. Auch Garnelen, Krabben, Langusten, Hummer und Kaviar lassen sich sehr gut für die Zubereitung von Sushis verwenden.

Für die Katze (1 Tagesportion)

2½ EL	Reis (7½ EL gegarter)
60 g	Seelachs, entgrätet (4 EL)
60 g	entgrätete Heringsreste (3 EL)
2	Algenblätter (getrocknet)
1½ Meßl.	Mineralfutter HT
½ Meßl.	Konjacmehl HT

Energiegehalt: ca. 280 kcal
Eiweißgehalt: ca. 40 % i. Tr.

Wasser in einem Topf zum Kochen bringen. Reis darin garkochen. Lachs und Hering waschen und möglichst klein hacken. Gegarten Reis mit den Lachs- und Heringswürfeln vermischen, damit die Katze nicht nur die Fisch-Leckerbissen herauspickt und den Reis einfach liegenläßt. Die Fisch-Reis-Masse wird auf einem halben Algenblatt gleichmäßig verteilt. Sushis wie im Rezept für die Menschen zubereiten. Sushis halten sich gut im Kühlschrank und können auch als Zwischenmahlzeit oder kombiniert mit dem normalen Futter angeboten werden. Viele Katzen schätzen besonders das Algenblatt.

Für den humorvollen Katzenbesitzer

Ruck-Zuck-Geburtstagstorte

für die Katze (1 Tagesportion)

50 g	entgrätete Lachsabfälle
40 g	Zwiebellauch (= 1 Stange)
2	Eigelb
1 TL	(6 g) Magermilchpulver
1½ Meßl.	Mineralfutter HT
½ Meßl.	Weizenfaser
1 TL	gehackter Dill
x	Garnelen (ensprechend dem Alter der Katze)

Energiegehalt: ca. 270 kcal
Eiweißgehalt: ca. 38% i. Tr. (ohne Garnelen)

Backofen auf 200 °C vorheizen. Lachs waschen und in kleine Würfel schneiden. Zwiebellauch putzen, waschen und in feine Ringe schneiden. Statt Zwiebel-

Abb. 5: Wer mit seiner Katze „richtig" Geburtstag feiern will, macht sich und bestimmt auch der Katze mit dieser Torte „ruckzuck" eine große Freude.

lauch kann auch die gleiche Menge Spinat verwendet werden. Dieser wird von vielen Katzen sehr geschätzt, kann jedoch wegen der Fasern schon einmal zu Erbrechen führen.
Eigelb mit Magermilchpulver, etwas Wasser, Mineralfutter HT, Weizenfaser HT und gehacktem Dill verrühren. Lachs und Zwiebellauch in eine kleine Tarte-Form füllen und mit der Ei-Milch-Masse begießen. Zum Schluß die Garnelen anstelle von Geburtstagskerzen oben aufsetzen. Ca. 30 Minuten (bis die Masse stockt) im Backofen garen.

Achtung: Die Garnelen sind beim Energie- und Eiweißgehalt nicht berechnet – aber zum Geburtstag darf auch mal die Katze sündigen.

Zum Mitfeiern

Für den Menschen (2 Portionen)

200 g	Lachsfilet oder Räucherlachs
100 g	Garnelen
200 g	Zwiebellauch (= 4 Stangen)
2	Eier
100 ml	Milch
50 ml	Sahne
1 Meßl.	Konjacmehl HT
1 EL	gehackter Dill
	Salz, Pfeffer, Muskatnuß

Energiegehalt: ca. 940 kcal
(pro Person ca. 470 kcal)

Backofen auf 200 °C vorheizen. Lachsfilet und Garnelen waschen, in kleine Stücke schneiden. Zwiebellauch putzen, waschen und in feine Ringe schneiden. Eier mit Milch und Sahne verrühren, Konjacmehl einstreuen und nochmals durchrühren. Dill zugeben. Die Masse mit Salz, Pfeffer und Muskatnuß abschmecken. Lachs, Garnelen und Zwiebellauch in eine Tortenform füllen (Durchmesser 24 Zentimeter), mit der Ei-Milch-Masse übergießen und ca. 40 Minuten im Backofen garen. Zum Servieren eignen sich besonders gut Wunderkerzen (falls Sie mitfeiern wollen).

Die Hobbythek-Katzen-Backmischungen

Wer Katzentrockenfutter kauft, weiß meist nicht, welch aufwendiger technischer Prozeß in dem Produkt steckt. Die knusprigen Knabbermischungen werden als Teigmasse zunächst bei hohem Druck und hohen Temperaturen durch einen sogenannten Extruder gepreßt. Der Teig kommt als feiner Strang durch die Enddüse heraus und wird mit einem Messer in gleichgroße Stücke geschnitten. Je nach Form der Düse haben die Knusperteilchen hinterher Herz-, Kreuz-, Fisch- oder eine andere Form (Katzen sollen sich übrigens auch an Form und Farbe der Trockennahrung orientieren). Die tuffige Struktur der Fertignahrung kommt beim Herausquellen aus dem Extruder zustande. Durch den Temperatur- und Druckverlust „entspannt" die Teigmischung, das heißt sie dehnt sich extrem schnell aus und schließt Luft in den Teig mit ein. Um unseren sensiblen Essern die Bröckchen schmackhaft zu machen, sprühen die Hersteller sie zu guter Letzt mit Rindertalg ein.

Es ist klar, daß der Laie diese aufwendige Futterherstellung nicht selber machen kann. Wir haben uns deshalb ein Trockenprodukt ausgedacht, das von jedermann leicht herzustellen ist, das es bisher aber für Katzen noch nicht gab.
Die Hobbythek hat jahrelange Erfahrungen im Brotbacken gesammelt, wie zuletzt in unserem Buch „Darm & Po" mit verschiedenen Backmischungen – auch für den Brotbackautomaten – vorgestellt. Was lag näher, als auch Backmischungen für Katzen zu entwickeln? Die Katzenbrote, -brötchen und sonstige Leckereien sind ideale Zwischenmahlzeiten für das Tier.
Natürlich muß die Katzenbackmischung der Hobbythek Fleisch enthalten. Dies läßt sich in sehr angenehmer Weise in Form von Griebenmehl bewerkstelligen. Die äußerst eiweißreichen Grieben entstehen bei der Fettgewinnung und sind der zurückgebliebene ausgelassene Speck oder das Krüstchen. Beim Griebenschmalz finden wir sie in kleiner Menge als Geschmacksgeber im Produkt.

Zusammensetzung von Griebenmehl:

80 %	Protein
13 %	Fett
4 %	Rohasche
3 %	Feuchte

437 kcal/100 g

Griebenmehl hält sich gekühlt und dunkel ein halbes Jahr.

Im Prinzip kann statt Griebenmehl auch Fischmehl verwendet werden. Dies liegt in seinem Eiweißgehalt mit 64 % etwas geringer als Griebenmehl, wohingegen der Mineralstoffgehalt mit 16 % deutlich höher liegt. Fischmehl riecht allerdings äußerst penetrant. Besonders beim Backen verbreitet sich das Fischaroma sehr deutlich. Nichtsdestotrotz konnten einige unserer Testkatzen den Backprodukten mit Fischmehl besonders viel abgewinnen.

Zusammensetzung von Fischmehl:

64 %	Protein
12 %	Fett
16 %	Rohasche
1 %	Rohfaser
7 %	Feuchte

364 kcal/100 g

Katzenbackmischung HT mit Griebenmehl

100 g	Griebenmehl
200 g	Weizenmehl Typ 405
2 Meßl.	Reinlecithin P
4 Meßl.	Mineralfutter HT
1 Meßl.	Weizenfaser HT
1 EL	Speckaroma

Katzenbackmischung HT mit Fischmehl

75 g	Fischmehl
250 g	Weizenmehl Typ 405
25 g	Weizenkleber HT
2 Meßl.	Reinlecithin P
2 Meßl.	Mineralfutter HT

Zutaten gut durchmischen. Fertig ist die jeweilige Backmischung.
Die Backmischung HT mit Griebenmehl und die Backmischung HT mit Fischmehl werden auf gleiche Art und Weise verarbeitet.
Mit den Backmischungen können Sie folgende Brote und Brötchen realisieren:

Katzenbrot aus dem Automaten

Nicht nur für den Menschen, sondern auch für die Katze läßt sich ein Brot im Backautomaten zubereiten. Dabei können beide Backmischungen verwendet werden.

Für den Teig:

200 ml	Milch (3,5 % Fett)
150 ml	Wasser
1 Päckchen	Frischhefe
1 Portion	Backmischung
evtl. 10 g	Schmalz bei der Backmischung mit Griebenmehl

Milch und Wasser in einem Topf bei milder Hitze (ca. 40 °C) erwärmen, die Hefe unter Rühren auflösen. Diese flüssige Mischung und die gewünschte Backmischung und eventuell Schmalz in den Backautomaten geben. Automat schließen, „Vollkornprogramm" und „helle Kruste" wählen. Nach Beendigung des Backvorgangs Katzenbrot auskühlen lassen und in einer Plastiktüte im Kühlschrank aufbewahren. Das Brot liefert acht bis zehn Beigaben, also etwa eine halbe Schnitte in Kombination mit Weichfutter, zum Beispiel „Katzensuppe" (siehe *Seite 49*). Natürlich schmeckt das Katzenbrot auch mit einer leckeren Sauce (siehe *Seite 52*). Das Brot hat mit Griebenmehl ca. 1280 kcal, mit Fischmehl etwa 1380 kcal.

Katzenbrot aus dem Backofen

Für den Teig:

150 ml	Milch (3,5 % Fett)
120 ml	Wasser
½–1 Päckchen	Frischhefe
1 Prise	Zucker
1 Portion	Backmischung
evtl. 10 g	Schmalz bei der Backmischung mit Griebenmehl

Milch und Wasser leicht erwärmen (ca. 40 °C) und darin die Hefe unter Rühren lösen, eine Prise Zucker dazu und den Ansatz eine halbe Stunde stehenlassen. Gewünschte Backmischung und eventuell Schmalz hinzugeben. Mit dem Knethaken des Handrührgerätes verkneten. An einem warmen Ort mit einem Tuch abgedeckt eine halbe Stunde gehen lassen. Mit den Händen zu einem festen Teig verarbeiten. Wenn der Teig klebrig ist, einfach noch einmal mit Mehl bestäuben. Teig in eine eingefettete Kastenform (1,5 Liter) geben und noch einmal eine dreiviertel bis eine Stunde gehen lassen. Im vorgeheizten Backofen bei 200 bis 220 °C eine halbe Stunde backen. Nach dem Backvorgang das Katzenbrot gut auskühlen lassen.

Das Brot hat mit Griebenmehl ca. 1250 kcal, mit Fischmehl etwa 1350 kcal. Beide liefern acht bis zehn Zwischenmahlzeiten für die Katze. Entsprechend dicke Scheibe abschneiden und zerbröckeln. Den Rest eingewickelt im Kühlschrank verwahren. Katzenbrot hält im Kühlschrank maximal vier bis fünf Tage. Das Brot kann auch eingefroren werden.

Abb. 6: Katzenbrötchen wie Katzenbrot auf der Grundlage von Grieben- oder Fischmehl sind als Trockenfutter eine Katzenfutter-Neuheit des Hobbythek-Teams.

Abb. 7: Diese appetitlichen Teigmäuse sind mehr ein Spaß für den Menschen als für die Katze. Sie können das Rezept auch als einfache Teigtaschen realisieren.

Katzenbrötchen

Den Teig (siehe *Seite 57*) zu acht kleinen Brötchen formen und auf einem eingefetteten Backblech erneut eine halbe Stunde gehen lassen. Im vorgeheizten Backofen bei 200 bis 220 °C ca. eine halbe Stunde backen. Die fertigen Brötchen gut abkühlen lassen. In dieser Form lassen sie sich gut aufbewahren oder einfrieren. Zum Servieren sollten sie zerzupft oder aufgeschnitten werden. Pro Tag ein halbes bis ein Brötchen als Zwischenmahlzeit oder kombiniert mit Weichfutter, zum Beispiel „Innereiencocktail" (siehe *Seite 49*), servieren.

Katzenbrötchen delikat

Dem fertigen Teig werden zwei Scheiben kleingehackte Rindersalami zugesetzt. Statt Salami kann auch die gleiche Menge kleingehackter Lachs oder Anchovis oder ein Algenblatt verwendet werden. Für einen guten Geschmack eignet sich auch Speck hervorragend. Da dieser fast immer vom Schwein stammt, muß er entweder vorher gekocht werden, oder er muß gut durchgebacken werden. Andernfalls besteht für die Katze Infektionsgefahr durch die Aujeszkysche Krankheit (siehe *Seite 44*). Die Herstellung und Fütterung der „Katzenbrötchen delikat" entspricht der der einfachen „Katzenbrötchen". Ihr Energiegehalt beträgt 170 kcal bei 33 % Eiweiß in der Trockenmasse.

Teigmäuse und gefüllte Taschen

1 Handvoll	Brötchenteig
10 g	rohe Rinderleber

Energiegehalt: ca. 190 kcal
Eiweißgehalt: ca. 36 % i. Tr.

Aus dem fertigen Teig (siehe „Katzenbrötchen" *links*) wird eine kleine Maus geformt. In die Mitte der Maus wird – quasi als Innerei – die Leber versteckt. Alternativ zur Leber eignen sich auch Hühnerherzen oder Hühnerleber. Natürlich ist der Katze die Form ihrer Mahlzeit egal. Die Mausform ist eher ein Spaß für den Besitzer. Wem dies zu albern erscheint, oder wer sich diese Modellierkunst nicht zutraut, der kann das gleiche Rezept zu einer banalen Teigtasche verarbeiten. Teig ausrollen, Leber bzw. Innereien daraufgeben und zuklappen. Im vorgewärmeten Backofen auf dem mittleren Backblech bei 200 bis 220 °C ca. 20 Minuten backen. Auskühlen lassen und sofort servieren. Die Backmaus bzw. die Teigtasche ist aber kein Alleinfuttermittel für Katzen.
Um Energie zu sparen, können diese Speisen auch kombiniert mit eigenen Gerichten im Backofen zubereitet

Abb. 8: Mit der Hobbythek-Backmischung für Katzen gelingt auch eine Katzenpizza, die die tierischen „Mitarbeiter" der Hobbythek besonders gerne mochten.

werden. Empfindliche Nasen stört allerdings der Grieben- bzw. Fischgeruch im Backofen.

Katzenpizza

Ob italienische Katzen eine Vorliebe für Pizza haben, ist unbekannt. Einige deutsche Katzen mögen sie auf jeden Fall, insbesondere wenn sie mit unserer Backmischung zubereitet wurden.
Aus dem Teig (siehe *Seite 57*) einen bierdeckelgroßen flachen Boden rollen.

Für den Belag:

½ Knoblauchzehe
25 g Rinderhack
½ TL Distelöl
1 Scheibe Gouda
Katzenminze, Basilikum

Energiegehalt: ca. 250 kcal
Eiweißgehalt: ca. 39 % i. Tr.

Teigoberfläche mit der Knoblauchzehe einreiben, Hack und gepreßten Knoblauch im Öl braten und darauf verteilen. Käse und Gewürze gleichmäßig auf dem Teig verteilen. Auf einem eingefetteten Backblech im vorgeheizten Ofen bei 200 bis 220 °C 20 bis 30 Minuten backen. Auskühlen lassen und sofort servieren. Die Pizza kann mit etwas Katzensauce (siehe *Seite 52*) angefeuchtet werden. Sicher lohnt es sich hier nicht, den Backofen für eine kleine Katzenpizza anzuwerfen. Wir schlagen deshalb wieder ein Mahl für Mensch und Katze vor. Hier das Rezept für unsere „Menschenpizza":

Pizza „Kombi"

Für den Teig (ca. 12 Stücke):

400 g Weizenmehl Type 405
30 g Weizenfaser HT
10–20 g Weizenkleber HT
1 TL (5 g) Reinlecithin P
4 EL Distelöl
½ TL Salz
½ TL Zucker
30 g Hefe
250 ml Wasser

Für den Belag:

500 g Rinderhack
1–2 feingehackte Zwiebeln
2–3 Knoblauchzehen
2 EL Olivenöl
10 milde Peperoni
1 Päckchen Tomatenpürree
1 Dose Tomatenmark
Salz, Pfeffer, Oregano, Majoran
200 g Mozzarella in dünnen Streifen

Energiegehalt: ca. 320 kcal pro Stück

Der ballaststoffreiche Pizzateig kann mit der Hand oder der Küchenmaschine geknetet werden. Der fertige Teig muß 45 Minuten ruhen. Dann den Teig dünn ausrollen und in ein ausgefettetes Backblech drücken. Gehacktes mit Zwiebeln und Knoblauch in Olivenöl anbraten, Peperoni, Tomatenpüree und Tomatenmark zugeben, würzen, kurz aufwallen lassen und diese Soße auf dem Teig verteilen, Mozzarella darauf legen. Im vorgeheizten Ofen bei 200 bis 220 °C 20 bis 25 Minuten backen.

Rezepte für Katzenkinder

Junge Katzen haben gegenüber erwachsenen Katzen einen veränderten Nährstoffbedarf. Wen wundert es, schließlich müssen sie noch wachsen und dabei Muskeln und Knochen aufbauen. Katzenkinder benötigen deshalb besonders viel Energie, Eiweiß und Calcium. Diese Faktoren sind in unseren „Kinderrezepten" realisiert. Außerdem sind sie energiereich. Für ausgewachsene oder gar relativ alte Tiere sind die Rezepte aufgrund der speziellen Anpassung nicht geeignet, ganz im Gegenteil: Zuviel Eiweiß kann bei älteren Tieren die Nieren belasten, zuviel Energie läßt die Katzen verfetten.

Seppels Leibgericht

(Menge für eine ca. 1 kg schwere Katze)

1 TL	Distelöl
30 g	frische Makrelen
50 g	Zwiebellauch (= 1 Stange)
40 g	Apfelmus
1 Meßl.	Mineralfutter HT
½ Meßl.	Multipekt Plus Lecithin HT
30 g	Katzentrinkjoghurt HT oder Vollfettjoghurt
1 Prise	Katzenminze

Energiegehalt: ca. 160 kcal
Eiweißgehalt: ca. 27 % i. Tr.

Distelöl in einem Topf erhitzen. Makrele waschen, mit Küchenpapier trockentupfen und bei mittlerer Hitze anbraten. Zwiebellauch putzen, waschen und in feine Ringe schneiden. Zu der Makrele in den Topf geben und mitschwitzen. Apfelmus, Multipekt Plus Lecithin HT und Mineralfutter sowie Joghurt oder

Abb. 9: Katzenkinder brauchen besonders viel Energie, Eiweiß und Calcium – in den Spezialrezepten der Hobbythek reichlich enthalten.

Katzentrinkjoghurt HT (Rezept siehe *Seite 63*) zufügen und das Ganze möglichst fein pürieren. Zum Schluß mit Katzenminze würzen.

Nussiges Rinderragout für Katzenkinder
(Menge für eine ca. 2 kg schwere Katze)

50 g	Rindfleisch
15 g	möglichst dünne Nudeln (ca. 2–3 EL Rohware)
1½ EL	saure Sahne (10 % Fett)
½ Meßl.	Multipect Plus Lecithin HT
1½ Meßl.	Mineralfutter HT
1 TL	gehackte Petersilie
1 gestr. EL	gehackte Nüsse

Energiegehalt: ca. 250 kcal
Eiweißgehalt: ca. 30 % i. Tr.

Wasser in einem Topf zum Kochen bringen. Fleisch in kleine Würfel schneiden und mit den Nudeln in kochendem Wasser garen. Wenn die Nudeln die gesamte Flüssigkeit nach der Garzeit aufgenommen haben, noch ca. eine Tasse Wasser (125 Milliliter) zufügen. Saure Sahne, Multipekt Plus Lecithin sowie Mineralfutter HT, gehackte Petersilie und Nüsse unterrühren und alles möglichst fein pürieren.

Die Rezepte für Katzenkinder sind auf das Körpergewicht bezogen. Das Rezept kann für ein ein Kilogramm schweres Tier einfach halbiert werden. Wachsende und auch trächtige Katzen benötigen um ca. ein Drittel mehr Energie als erwachsene Katzen. Um die richtige Futtermenge zu ermitteln, sollte die Katze gewogen werden: Steigen Sie einmal mit und einmal ohne Katze auf die Personenwaage. Die Differenz der beiden Werte ist das Gewicht des Tieres.

Für Katzenmütter

Für die trächtige Katze bieten sich die beiden Kinderrezepte an. „Seppels Leibgericht" ist auf eine ein Kilogramm schwere Katze berechnet. Für die trächtige Katze müssen die Mengenangaben im Rezept deshalb mit dem Kilogrammgewicht des Tieres multipliziert werden. Das Nussige Rinderragout ist auf ein zwei Kilogramm schweres Tier bezogen. Hier müssen die Mengenangaben zunächst halbiert und dann mit dem Kilogrammgewicht der trächtigen Katze multipliziert werden. Multipekt Plus Lecithin sollte durch einen anderen Ballaststoff ersetzt werden. Säugende Katzen haben gegenüber normalen Tieren einen dreifach höheren Energiebedarf. Dieser kann nicht allein durch größere Futtermengen gestillt werden, sondern die Nahrung selbst muß energiereicher sein, zum Beispiel durch den Zusatz von Öl.

Seniorenkost

Zwischen dem achten und zehnten Lebensjahr werden Katzen zu Senioren. Zwar sind sie mit acht Jahren noch fit, dennoch können einzelne Organe manche Belastungen bei der Ernährung nicht mehr so gut vertragen wie die eines jüngeren Tieres. Hohe Eiweißgehalte können beim älteren Tier die Nieren belasten, zuviel Energie in Form von Fett schlägt auf die Leber.

Seniorenkost unterscheidet sich in ihrer Nährstoffbilanz von normalem Katzenfutter und sollte deshalb auf keinen Fall an Jungtiere verfüttert werden. Dies gilt auch für die speziellen Fertigprodukte aus dem Fachgeschäft, die für Senioren ausgewiesen sind. Die im Supermarkt erhältliche Seniorenkost unterscheidet sich in der Regel nicht in der Zusammensetzung von anderem Katzenfutter (eigentlich ein Etikettenschwindel). Der Unterschied besteht nur darin, daß die Bestandteile feiner püriert wurden, vielleicht als „Überanpassung" an vorzeitige Zahnabnutzung.

Seniorenteller

100 g	Kartoffel (= 1 große Kartoffel)
1 EL	Olivenöl
50 g	Putenfleisch
60 g	Erbsen- und Möhrengemüse (Konserve)
60 g	Banane (= ½ Banane)
½ Meßl.	Erbsenfaser HT
1½ Meßl.	Mineralfutter HT
1 Prise	Katzenminze

Energiegehalt: ca. 290 kcal
Eiweißgehalt: ca. 20 % i. Tr.

Abb. 10: Ab dem achten Lebensjahr werden Katzen alt, und so manches Organ zeigt bereits Verschleißerscheinungen, die der spezielle Seniorenteller der Hobbythek berücksichtigt.

Kartoffel waschen, schälen, kleinschneiden und in kochendem Wasser garen. Olivenöl in einer Pfanne erhitzen, Geflügelfleisch waschen, trockentupfen und würfeln, im Öl andünsten, Erbsen- und Möhrengemüse sowie gegarte Kartoffelstücke zufügen. Eine Tasse (125 Milliliter) des Gemüsefonds in die Pfanne geben, das Ganze einmal aufkochen lassen. Kleingeschnittene Banane, Erbsenfaser HT, Mineralfutter HT und Katzenminze zufügen und fein pürieren.

Dicke Katzen

Übergewicht ist keineswegs nur ein Phänomen bei Menschen, sondern ist mittlerweile auch bei vielen Hauskatzen verbreitet: Zum einen weil die Tiere sich ihr Futter nicht mehr selbst zu fangen brauchen (wer bequem auf der Couch liegt, wird schneller fett), zum anderen weil mancher Katzenhalter gerne Leckerlies verfüttert, um das Herz seiner Katze zu erobern. In den Regalen der Supermärkte, aber auch in denen der Fachgeschäfte finden sich diese oft sogar recht teuren Produkte zuhauf. Übergewicht bei Katzen geht leider aber auch oft auf Fertigfutter zurück. Die Fütterungsangaben, insbesondere auf Dosenfutter, sind fast immer viel zu hoch angegeben (siehe *Seite 45*). Ein vier Kilogramm schweres Tier benötigt 300 kcal am Tag. Wer aber, wie oft empfohlen, eine 400-Gramm-Dose pro Tag an sein Tier verfüttert, der wird bald eine rollende Fleischwurst als Katze haben. Wenn eine Katze dick ist, so ist immer der Katzenhalter dafür verantwortlich, denn die Tiere können nur fressen, was ihnen angeboten wird. Übergewicht bei Katzen ist kein Kavaliersdelikt. Dicke Katzen werden schneller krank, bekommen leichter chronische Leiden und können ihre eigene Körperpflege kaum noch bewältigen. Scheidenausfluß oder Analbeutelentzündungen am After können die Folge sein.

Auf keinen Fall darf eine dicke Katze aber auf Nulldiät gesetzt werden (siehe *Seite 46*). Mit kalorienarmer Kost können die Pfunde langsam, aber stetig zum Purzeln gebracht werden.

Abb. 11: Mit kalorienarmer Kost kann man die überflüssigen Pfunde einer übergewichtigen Sofakatze langsam verschwinden lassen.

Herzhaftes Putengeschnetzeltes

100 g	Kartoffel (= 1 große Kartoffel)
1	Knoblauchzehe
40 g	Putenbrust
50 g	Möhren (Konserve)
1 EL	(15 g) Schmand
1 Meßl.	Mineralfutter HT
½ Meßl.	Gummar HT
½ Meßl.	Erbsenfaser HT

Energiegehalt: 174 kcal
Eiweißgehalt: 41 % i. Tr.

Kartoffel waschen, schälen, kleinschneiden und in kochendem Wasser garen. Knoblauch abziehen und in feine Würfel schneiden. Putenbrust waschen, mit Küchenpapier trockentupfen und ebenfalls in Würfel schneiden. Die Putenbrustwürfel in 100 Milliliter des Gemüsefonds aus der Konserve andünsten. Knoblauch hinzufügen und mitdünsten. Zum Schluß die Möhren, den Schmand und das Mineralfutter HT sowie die Erbsenfaser HT und Gummar HT unterrühren. Einmal aufkochen lassen und alles gut pürieren.

Katzendrinks der besonderen Art

Ihren Durst sollten Katzen immer mit Wasser stillen, ein Schälchen Milch ist dagegen nicht das geeignete Getränk, denn Milch verursacht bei der erwachsenen Katze Verdauungsprobleme, Blähungen und Durchfall. Sie kann den in der Milch enthaltenen Milchzucker, die sogenannte Laktose, nicht verwerten. Lediglich vergorene Milchprodukte wie Kefir, verdünnte Buttermilch und Joghurt vertragen Katzen gut.

In letzter Zeit haben besondere, sogenannte probiotische Joghurts für den Menschen von sich reden gemacht. Die lebenden Milchsäurebakterienkulturen in diesen Joghurts haben einen günstigen Einfluß auf die menschliche Darmflora und stärken die Verdauung und den im Darm befindlichen Teil unseres Immunsystems. Wir haben in unserem Hobbythek-Buch „Darm & Po" bereits ausführlich über diese äußerst wertvollen Mikroorganismen berichtet.

Die Hersteller der probiotischen Joghurts verwenden besondere Bakterienkulturen, die sie in aufwendiger Sucharbeit isoliert haben. Diese überleben beim Verzehr die Passage durch den Magen und entfalten danach ihre Wirkung im menschlichen Darm. In letzter Zeit werden die Möglichkeiten solcher neuen Kulturen von Milchsäurebakterien immer weiter untersucht, mit erfreulichen Ergebnissen. Warum, so stellten wir die Frage, sollten nicht auch Katzen von den besonderen Milchsäurebakterien profitieren. Natürlich verfügen auch Katzen in ihrem Darm über eine Bakterienfauna, die durch probiotische Keime unterstützt werden kann.

Die *Lactobacillen* eignen sich hervorragend zur Herstellung von Joghurts und Trinkjoghurts. Bisher scheint es, daß solche Katzendrinks die Verdauung der Katze unterstützen. Ob auch das Immunsystem der Katze positiv beeinflußt wird, erscheint sehr wahrscheinlich, ist aber wissenschaftlich noch nicht belegt. Dem niederländischen Forscher Ralf Hartemink ist es im Sommer 1997 – extra für die Hobbythek – gelungen, für Katzen äußerst günstige Milchsäurebakterien *(Lactobacillus)* zu isolieren. Diese speziellen Katzenkeime säuern das Darmmilieu der Katze leicht an und sorgen so auch dafür, daß das Verdauungsprodukt weniger stinkt. Zur Zeit werden sie noch getestet. Bis zum Abschluß der Testreihe kann man seiner Katze und sich selbst mit einer weniger speziellen, dafür aber für Mensch und Tier gleichermaßen anwendbaren probiotischen Milchsäurebakterienkultur helfen.

Rezept Katzentrinkjoghurt

1 Msp.	Starterkultur *Lactobacillus*
100–125 ml	H-Milch oder frisch abgekochte und wieder abgekühlte Milch

Milch und Starterkultur in ein gut verschließbares, gläsernes Schraubgefäß der entsprechenden Größe oder ein Joghurtportionsglas füllen und gut verrühren. In der eingeschalteten Joghurtmaschine 12 bis 14 Stunden stehenlassen. Damit der Joghurtzubereiter nicht allein für den Katzentrinkjoghurt läuft, sollten Sie die anderen Portionsgläser mit Milch und Kulturen für sich befüllen. Bei Einkammergeräten kann das Glas mit Katzentrinkjoghurt in den Ansatz für den Menschen gestellt werden. Beim Entnehmen muß das Glas dann gut abgewaschen werden.

Pro Tag darf die Katze zwei Eßlöffel Katzentrinkjoghurt auflecken. Sollte das Tier den Joghurt nicht mögen, können Sie ihn mit einem Spritzer Frusip's Vanille oder Frusip's Marzipan verfeinern. Verwenden Sie bitte wegen des Theobromins (siehe *Seite 44*) kein Frusip's Nougat oder Schokolade! Frusip's sind extrem zuckerarme natürliche Fruchtsirupkonzentrate.
Junge Katzen benötigen für ihr Wachstum besonders viele Vitamine, Mineralien und Energie. Diese können Sie den Tieren zusätzlich über ein kleines Katzengetränk zuführen. „Red Lion" eignet sich besonders gut für kranke oder besonders schwache junge Katzen, aber auch für stillende Mütter.

Red Lion-Drink

1 TL	Speiseöl oder Ölmischung HT
1 TL	Fluidlecithin Super
1	Eigelb
1 Msp.	Taurinpulver oder
1 Tabl.	Taurin
1 Msp.	Multivitaminpulver HT
100 ml	Wasser oder Elektrolytlösung (siehe *Seite 70*)

Öl und Fluidlecithin innig vermischen, Eigelb dazugeben. Taurin in Wasser oder Elektrolytlösung auflösen, Multivitaminpulver zugeben und unter ständigem Rühren in die Öl-Fluidlecithin-Eigelb-Mischung geben. Öl und Eigelb spenden hier zusätzliche Energie. Als Öl empfehlen wir Distel-, Borretsch-, Lein-, Nachtkerzenöl oder Dorschlebertranöl, da diese Öle viele langkettige ungesättigte Fettsäuren enthalten, die zusätzlich den Fettstoffwechsel der Tiere günstig beeinflussen. Fluidlecithin Super ist ein hochwertiges Lecithin (Cholinlecithin), zu 50 % in Sojaöl gelöst.

Li-La-Leckerchen

Fast jeder Katzenbesitzer wird irgendwann einmal ein sogenanntes Katzenleckerchen erwerben und feststellen, daß sein Tier geradezu verrückt danach ist. Manchmal sind solche Leckerchen auf der Verpackung als solche bezeichnet, manchmal werden sie aber auch als Vitamin-, Taurin- oder Lecithinspender benannt. Katzen können sich schnell an solche Leckerchen gewöhnen, und selbst die genügsamste Katze wird irgendwann das Betteln beginnen.

Abb. 12: Die Katzenschlecker dienen als gesunde Belohnung und Liebesbeweis für eine guterzogene Katze.

Manche dieser Leckerchen sind zudem wenig gesundheitsfördernd, da sie viel Fett und Zucker enthalten.

Im Prinzip sind solche Leckerchen völlig überflüssig. Der Katzenhalter streichelt mit ihnen eher die eigene Seele und bekommt auf diesem Weg Aufmerksamkeit und Zuwendung von seinem Tier. Die Katze ihrerseits wird dick. Leckerchen können aber auch sinnvoll eingesetzt werden. Da Katzen sich bekanntermaßen schwer erziehen lassen, sind sie als Belohnung durchaus angebracht. Wenn ein Tier statt an den teuren Polstermöbeln seine Krallen erstmals an seinem Kratzbaum schärft, kann eine solche Belohnung sehr wirkungsvoll sein.
Außerdem kann im Leckerchen auch „bittere" Medizin verpackt werden. Unser Hobbythek-Leckerchen ist so weich, daß zum Beispiel eine Tablette gut darin eingepackt werden kann.

Katzenschlecker HT

25 g	(1–2 Scheiben) Räucherlachs
50 g	Doppelrahmkäse
ca. 1 EL	Magermilchpulver

Energiegehalt: ca. 250 kcal
Eiweißgehalt: ca. 33 % i. Tr.

Räucherlachs in kleine Stücke schneiden und mit der Gabel mit dem Frischkäse verkneten. Zehn Kugeln formen und in Magermilchpulver wälzen. Die Katzenschlecker sind in einem geschlossenen Gefäß im Kühlschrank ca. eine Woche haltbar. Kugeln zimmerwarm an die Katze verfüttern.

Rezepte für die chronisch kranke Katze

Katzen, die älter als zehn Jahre alt sind, neigen dazu, chronische Krankheiten zu entwickeln. Irgendwann kann ein Organ einfach nicht mehr so gut arbeiten. Die entsprechende Medizin muß immer der Tierarzt verschreiben, denn eigene Behandlungsversuche können für die Katze tödlich enden. Manchmal werden aber auch gar keine Medikamente notwendig, sondern es wird lediglich eine Diät verordnet. Im Fachhandel und auch beim Tierarzt können bestimmte Diäten als Fertigfutter erworben werden, die man natürlich auch selber kochen kann. Wir haben einige Rezeptvorschläge, die aber in jedem Fall zuvor mit dem behandelnden Tierarzt besprochen werden sollten. Je nach der speziellen Situation des Patienten sind vielleicht noch entsprechende Änderungen notwendig.

Die zuckerkranke Katze

Diabetes bei der Katze muß genau wie beim Menschen kontrolliert werden. Meist muß Diabetikerkatzen regelmäßig Insulin gespritzt werden. Natürlich sollten sie keinen Zucker zu sich nehmen, doch der ist in der Katzenernährung ohnehin kaum zu finden. Die Diabetikerkatze sollte mehrmals am Tag mit kleinen Portionen gefüttert werden. Sollte die zuckerkranke Katze zusätzlich Übergewicht haben, so eignet sich die kalorienreduzierte Kost, die für übergewichtige Katzen angegeben ist (siehe *Seite 62 f.*). Außerdem haben wir für die füllige Diabetiker-Katze zwei spezielle Rezepte entwickelt:

Sauerkraut-Fisch-Topf

80 g	Kartoffel (= 1 mittelgroße Kartoffel)
70 g	Rotbarschfilet
1 EL	(10 g) Sonnenblumenöl
50 g	Sauerkraut
½ Meßl.	Gummar HT
1½ Meßl.	Mineralfutter HT

Energiegehalt: ca. 230 kcal
Eiweißgehalt: ca. 29 % i. Tr.
Zuckergehalt: 1,4 BE

Kartoffel waschen, schälen, kleinschneiden und in kochendem Wasser garen. Rotbarschfilet abwaschen, mit Küchenpapier trockentupfen und in kleine Stücke schneiden. Öl in einem Topf erhitzen und Fischfilet darin anbraten. Sauerkraut zufügen und bei geringer Hitze ca. fünf Minuten mitgaren. Zum Schluß die Kartoffelstücke, Gummar HT und Mineralfutter HT dazugeben und fein pürieren.

Geflügel-Möhren-Schmaus

50 g	Geflügelfleisch
2 EL	(24 g) Reis (entspricht ca. 6 EL gegartem Reis)
80 g	Möhren (= 1 mittelgroße Möhre)
1 TL	Schnittlauchröllchen
½ Meßl.	Konjacmehl HT
1 Meßl.	Mineralfutter HT

Energiegehalt: ca. 170 kcal
Eiweißgehalt: ca. 27 % i. Tr.
Zuckergehalt: 1,6 BE

Geflügel waschen, mit Küchenpapier trockentupfen und in Würfel schneiden. Fleisch und Reis in kochendem Wasser garen. Hat der Reis die gesamte Kochflüssigkeit aufgenommen, ca. eine Tasse Wasser (125 Milliliter) zufügen. Möhre schälen, reiben und mit den Schnittlauchröllchen und dem Konjacmehl HT in die Geflügel-Reis-Mischung geben. Alles einmal aufkochen, pürieren und Mineralfutter HT zusetzen. Damit die Katze sich satt fühlt, das Gericht in kleinen Portionen über den Tag verteilt verfüttern.

Die leberkranke Katze

Katzen mit einem Leberschaden vertragen Fett sehr schlecht. Sie erbrechen sich schnell und fressen dann gar nicht. Ein Leberschaden ist äußerst ernst zu nehmen, weil der gesamte Stoffwechsel der Katze belastet ist. Unterstützend für das Tier wirken auch hier Getränke mit Elektrolytzusatz (siehe *Seite 64*). Das folgende Rezept ist besonders leberschonend. Fragen Sie jedoch vor der Anwendung Ihren Tierarzt danach.

Putencremetopf

40 g	Putenfleisch
30 g	(2½ EL) Reis
40 g	Lauch
50 g	Broccoli
½ Meßl.	Erbsenfaser HT
1 Meßl.	Mineralfutter HT
40 g	Magerjoghurt oder Katzentrinkjoghurt HT

Energiegehalt: ca. 200 kcal
Eiweißgehalt: ca. 27 % i. Tr.

Putenfleisch waschen, trockentupfen und kleinschneiden. Zusammen mit dem gewaschenen Reis in wenig kochendem Wasser garkochen. Lauch putzen, in Ringe schneiden und dazugeben. Kurz aufkochen, dann Broccoli, Erbsenfaser HT und Mineralfutter HT zugeben. Falls nötig, überstehendes Wasser abschütten und abgekühlt als Getränk anbieten. Magerjoghurt oder Katzentrinkjoghurt HT (Rezept siehe *Seite 63*) unter die Speise heben. Der Katzentrinkjoghurt muß bei diesem Rezept mit magerer Milch angesetzt werden.

Die nierenkranke Katze

Eine Katze, die auffällig viel trinkt, kann einen Nierenschaden haben. Um die Nieren nicht zu stark zu belasten, sollte der Eiweißanteil der Nahrung vermindert werden, allerdings sollte er nicht unter 28 % (i. Tr.) sinken. Außerdem muß der Salz- und Mineralstoffhaushalt auf die besondere Situation der Katze zugeschnitten sein. Unser Nierenrezept ist in seinem Proteinanteil reduziert und eignet sich auch für viele herzkranke Katzen. Besprechen Sie die Ernährung, insbesondere bezüglich des Salzgehalts, mit Ihrem Tierarzt.

Nierenschonkost

2 EL	(24 g) Reis (entspricht ca. 6 EL gegartem Reis)
1 TL	Olivenöl
50 g	Rindfleisch
½	gekochtes Hühnerei
1 Prise	Katzenminze
1 Meßl.	Mineralfutter HT

Energiegehalt: ca. 270 kcal
Eiweißgehalt: ca. 28 % i. Tr.

Reis in Wasser garkochen. Öl in einem Topf erhitzen. Rindfleisch in kleine Stücke schneiden und im Öl anbraten. Mit einem großen Glas Wasser (200 Milliliter) ablöschen. Hühnerei und Reis zufügen, einmal aufkochen lassen, mit Katzenminze würzen. Mineralfutter HT zufügen und pürieren. Wenn die Masse zu fest ist, eventuell noch Wasser zufügen. Um das Essen für die Katze noch schmackhafter zu machen, können Sie zehn Gramm des Rindfleisches durch Leber ersetzen.

Die herzkranke Katze

Oft ist bei Katzen eine Herzschwäche an eine Nierenschwäche gekoppelt. Deshalb ähnelt die Herz- der Nierendiät. Sie ist ebenfalls eiweißarm und in ihrer Salzzusammensetzung wenig belastend für das Herz (siehe *oben*). Chronische Krankheiten können bei Katzen den Appetit mindern. Gerade zu Beginn einer Erkrankung kann es zu großer Schwäche kommen. Die Störung hat sich schließlich langsam aufgebaut und wird vom Katzenhalter meist erst bemerkt, wenn schon massive Symptome aufgetreten sind. Zur Unterstützung der Katze eignet sich eine magere Hühnerbrühe. Besprechen Sie die Situation des Tieres ausführlich mit dem Tierarzt.

Magere Hühnerbrühe bei schweren Krankheiten

50 g	Hühnerbrustfleisch
200 ml	Wasser

Hühnerbrustfleisch in kleine Stücke schneiden und in kochendes Wasser geben, 20 Minuten garen. Das abgekühlte Kochwasser als Trinkwasser anbieten. Kräftiger wird die Brühe, wenn das Fleisch mit dem Wasser zusammen erhitzt wird. Dann ist allerdings auch der Fettgehalt des Brühwassers höher, und die Brühe ist nicht mehr ganz so bekömmlich. Verträgt die Katze die kräftigere Brühe, so ist sie in jedem Fall vorzuziehen. Die Fleischstücke können als erste Appetithappen bei der Genesung dienen. Sie duften für die Katze besser, wenn sie frisch angeschnitten sind.

Abb. 1: Gerade zu Beginn einer Erkrankung kann es zu großer Schwäche bei der Katze kommen. Die Hobbythek-Gerichte helfen chronisch kranken Katzen wieder auf die Beine.

Kleine Katzenapotheke

Zwar werden unseren Stubentigern sieben Leben nachgesagt, aber auch das ist nur ein Märchen. Wenn eine Katze krank wird, ist es für den Besitzer oft schwer einzuschätzen, ob es sich um ein harmloses Unwohlsein oder einen lebensbedrohlichen Infekt handelt. Eine gute Möglichkeit, dies zu klären, ist das Fiebermessen. Natürlich mag es keine Katze, wenn ihr das Thermometer in den After geschoben wird. Deshalb empfiehlt es sich, das Tier in ein Handtuch zu packen und dann die Messung auf dem Schoß vorzunehmen. Katzen haben eine höhere Körpertemperatur als der Mensch, sie liegt bei 38 bis 39 °C. Hohe Körpertemperaturen um 40 °C

Abb. 1: Auch der Stubentiger muß Gelegenheit haben, an Pflanzen zu knabbern, um die beim Putzen verschluckten Haare wieder herauszuwürgen.

und darüber sind bei Katze wie Mensch gleichermaßen gefährlich. Kranke Katzen können auch eine zu niedrige Temperatur haben: 37 °C und weniger sind ein Zeichen von extremer Schwäche. In diesem Fall, genau wie bei starkem Fieber, ist sofort der Tierarzt aufzusuchen.

Durchfall

Katzen bekommen sehr schnell Durchfall, der aber in der Regel harmlos ist und nach ein bis zwei Tagen von selbst wieder aufhört. Durchfall kann aber auch durch Salmonellen oder andere gefährliche Infektionserreger wie Würmer und einzellige Parasiten verursacht werden. Bei heftigen Durchfällen, die das Tier schwächen, muß in jedem Fall der Tierarzt aufgesucht werden. Er wird eine eindeutige Diagnose stellen und die geeignete Therapie einleiten. Als Maßnahme gegen den Wasser- und Salzverlust empfehlen wir einen Elektrolyttrunk.

Elektrolyttrunk Katze HT

½ TL	Kochsalz
1 geh. Meßl.	(2,5 g) Natron (Na-Bicarbonat)
½ Meßl.	Kalium-Chlorid
1 l	Wasser

Salze in Leitungswasser lösen. 100 Milliliter der Salzlösung zum sofortigen Gebrauch abfüllen, den Rest im Kühlschrank in einer Flasche aufbewahren (ca. drei Tage haltbar). Damit die Katze die Salzlösung zu sich nimmt, muß diese noch schmackhaft verpackt werden:

100 ml	Salzlösung
5 g	Weizenmehl
1 Meßl.	Weizenfaser HT
evtl. 1 Spritzer	Frusip's Vanille oder Marzipan

Weizenmehl und Weizenfaser in einer kleinen Portion Salzlösung anrühren, dann die restliche Salzlösung zugeben und aufschwemmen. Der Katze als Getränk vorsetzen und eventuell mit Frusip's verfeinern.

Erbrechen

Katzen neigen zum Erbrechen. Hastiges Fressen oder der Verzehr eines noch lebenden, sich bewegenden Insekts befördert die Speise schnell wieder nach draußen. Außerdem schluckt die Katze täglich bei der Fellpflege ihre eigenen Haare, die nicht verdaut werden, sondern sich im Verdauungskanal zusammenballen. Katzen müssen Gras fressen, um diese Haarknäuel wieder herauswürgen zu können. Einer Stubenkatze sollte deshalb auch immer etwas Gras in einem Blumentopf zur Verfügung stehen – das Anknabbern von Zimmerpflanzen wird dann schlagartig nachlassen.
Solche harmlosen Ursachen für das Erbrechen können das Tier noch für einige Tage für erneutes Erbrechen anfällig machen. So hatte Katze Monster einmal nacheinander vier Hummeln gefressen. Zur „Strafe" blieb ihr ein „Hummelmagen", der sie über zwei Wochen hinweg immer wieder zum Würgen brachte.
Stark brechende Katzen sollten mindestens einen halben Tag, besser noch einen ganzen Tag nicht gefüttert werden. Allerdings müssen die Katzen in dieser Zeit genügend Wasser zu sich nehmen können. Die erste Mahlzeit nach der Zwangspause sollte Schonkost sein.

Katzenschonkost

1 EL	magere, gekochte Hühnerfleischstückchen
1 EL	(20 g) Schmelzflocken
1 EL	Hüttenkäse
½ Meßl.	Mineralfutter HT

Hühnerfleisch 20 Minuten in leicht gesalzenem Wasser kochen. Fleisch abkühlen lassen und kleinschneiden. Mit dem Kochwasser die Schmelzflocken zu Brei anrühren. Hüttenkäse und Mineralfutter zugeben. Die Schonkost kann püriert oder einzeln portioniert auf dem Freßteller angeboten werden. Statt Schmelzflocken können Sie auch andere Haferflocken oder geschälten Reis verwenden. Der Reis sollte im Kochwasser des Fleisches zubereitet werden.

Verstopfung

Verstopfung findet sich bei Katzen nur selten. Alte Tiere, die sich nicht mehr gut bewegen können, produzieren manchmal harte Kotbrocken, die sie nur schwer ausscheiden können. Mit Ballaststoffen läßt sich auch bei der Katze das Kotvolumen vergrößern und die Konsistenz erweichen.
Einen Meßlöffel Weizenfaser HT pro Tag unter das Futter gemengt, kann hier Linderung verschaffen. Auch die löslichen Ballaststoffe der Hobbythek, wie Gummar HT oder Inulin HT (siehe *Seite 47 f.*), können sich bei gleicher Anwendung hilfreich auswirken. Bei akuter Verstopfung kann eine Schale Milch sehr wirkungsvoll sein.

Harnprobleme bei Kastraten

Fast könnte man von einer weiteren, ausschließlich bei Katern verbreiteten „Zivilisationskrankheit" sprechen: Kastrierte Kater neigen dazu, Harnsteine oder Harngrieß (Struvit) zu entwickeln. Im Prinzip geschieht dies auch bei kastrierten Katzen, doch da diese eine kurze und breite Harnröhre besitzen, leiden sie körperlich nicht unter Harnsteinen. Anders dagegen der Kater. Er besitzt im Gegensatz zur weiblichen Katze eine lange, verschlungene Harnröhre, die sich nach der Kastration auch noch verengt. Hier setzen sich bevorzugt Harnsteine und Harngrieß fest. Probleme beim Wasserlassen bis hin zur akuten Verstopfung sind die Symptome. Die Krankheit wird als FUS (Felines urologisches Syndrom) bezeichnet. Sollte Ihr Kater nicht mehr urinieren, so muß sofort der Tierarzt aufgesucht werden. Er wird versuchen, den Harngrieß fortzuspülen. Wenn das nicht mehr funktioniert, muß der Penis amputiert werden. Leider können sich beim Kater recht unterschiedliche Harnsteine bilden, deshalb gibt es zur Vorbeugung kein Patentrezept. Der pH-Wert des Katerurins kann jedoch gewisse Veranlagungen zu Harnsteinen anzeigen. Im leicht sauren Milieu können sich die verbreiteten Struvitsteine nicht bilden, deshalb liegt der optimale pH-Wert beim Urin des kastrierten Katers zwischen pH 6 und pH 6,5. Dieser Wert kann mit dem pH-Papier der Hobbythek überprüft werden.

pH-Messung beim Katerurin

Da die Streu in der Katzentoilette die Messung beeinflussen würde, muß sie zunächst entfernt werden. Statt dessen wird das Katzenklo mit Zeitungspapier ausgelegt. Hat der Kater nun uriniert, so steht der Harn noch eine Zeitlang auf dem Papier, und der Teststreifen kann hier eingetaucht werden. Diese Messung muß an mehreren Tagen wiederholt werden. Ist der Wert neutral (pH 7) oder gar im leicht basischen Bereich (pH 7,5–8), sollte der Tierarzt zu Rate gezogen werden. Er wird unter Umständen spezielle Ernährungsempfehlungen geben und gegebenenfalls andere Maßnahmen treffen.

Die Ernährung der Kater kann der Struvitbildung vorbeugen. Dabei ist zu beachten, daß der Magnesium- und Phosphatgehalt der Nahrung gering sein sollte. Im Prinzip muß also der Rohascheanteil (Mineralien) reduziert sein. Außerdem sollte die Nahrung einen sauren Urin produzieren. Viele Fertigfutter haben sich der besonderen Situation beim Kater angepaßt. Insbesondere die Premiumprodukte aus dem Fachhandel sind für dieses Problem extra ausgewiesen. Doch längst nicht immer handelt es sich um Struvitsteine, auch andere Kristalle können die Harnröhre verstopfen. Gerade ältere Tiere neigen zu Oxalatsteinen, die von saurem Harn sogar noch gefördert werden können. Eine Eigenbehandlung ist deshalb fast unmöglich. Sollte eine Struvitgefährdung beim Kater diagnostiziert sein, so könnte unser „Rindertopf mit Haferflocken" (siehe *Seite 52*) durch die vielen sauren Aminosäuren vorbeugende Maßnahmen gegen Struvit unterstützen. Fragen Sie hierzu unbedingt den Tierarzt.

Fellprobleme

Unter dem Sammelbegriff „Miliares Ekzem" faßt man sehr häufig auftretende Hautprobleme zusammen, deren Ursachen verschiedener oder sogar unbekannter Natur sein können. Ein Floh- oder Milbenbefall, der unter Umständen längst überwunden sein kann, aber ebenso die Kastration, die auch schon Jahre zurückliegt, werden als Ursachen angenommen. Die Katze oder der Kater leckt sich die betroffenen Stellen so stark, daß das Fell zu einem Flaum ausdünnt oder sogar kahle Stellen entstehen, meist um die Leistengegend oder an den Hinterläufen. Der Hautstoffwechsel kann jedoch durch ungesättigte langkettige Fettsäuren, Vitamin E und Biotin positiv beeinflußt werden. Ein regelmäßiger Zusatz unserer Öltropfen HT kann das Problem bessern oder sogar ausheilen.

Öltropfen bei Miliarem Ekzem

50 g	Dorschlebertranöl
50 g	Borretschöl
1 ml	Vitamin-E-natürlich

Öle und Vitamin-E-natürlich zusammenrühren, in eine dunkle trockene Flasche füllen und kühl lagern. Morgens und abends einen Meßlöffel auf das Katzenfutter geben. Dorschlebertranöl und Borretschöl enthalten viele ungesättigte Fettsäuren, zum Beispiel Gamma-Linolensäure. Deshalb werden sie leicht ranzig. Um sie davor zu schützen, geben Sie Vitamin E dazu. Statt Borretschöl können Sie auch Nachtkerzenöl oder Leinöl verwenden, die ebenfalls viele langkettige ungesättigte Fettsäuren besitzen. Dorschlebertranöl enthält die Fettsäuren Eicosapentaensäure (EPA) und Docosahexaensäure (DHA). Beide wirken stark entzündungshemmend auf die Haut der Katzen. Die Wirkung unserer Öltropfen kann durch Biotin ergänzt werden. Biotintabletten (Heimtierfachhandel) oder Biotinpulver nach angegebener Dosierung dem Tier darreichen.

Erkältungen

Katzen können sich durchaus erkälten. Eine normale Erkältung ist nicht mit dem sogenannten Katzenschnupfen (siehe *Seite 79*) zu verwechseln. Diese gefährliche Vireninfektion führt insbesondere bei Jungtieren oft zum Tod. Heute gibt es eine Schutzimpfung gegen diese aggressive Krankheit, die ein verantwortungsvoller Katzenhalter auf jeden Fall in Anspruch nehmen wird.
Katzen können aber auch einmal heiser sein, niesen, husten oder eine leicht laufende Nase haben. Gegen die Symptome helfen im Prinzip die gleichen ätherischen Öle der Aromatherapie wie bei uns. Die Erkältungsmischung kann in eine Duftlampe oder zur intensiven Behandlung in einen Zerstäuber gegeben werden. In letzterem Fall kann die Katze in ihrem Transportkorb vor die Duftquelle gesetzt werden. Falls dem Tier die Gerüche unangenehm sind, sollten Sie es nicht zur Therapie nötigen. Katzen haben äußerst empfindliche Nasen und reagieren sensibler auf die ätherischen Düfte als Menschen.

Ätherische Ölmischung bei Erkältungen

1 Tr.	Oreganoöl (*Origanum vulgaris*)
1 Tr.	Lorbeeröl (*Laurus nobilis*)
1 Tr.	Eukalyptusöl (*Eucalyptus globulus*)
1 Tr.	Pfefferminz- oder Katzenminzöl (*Mentha x piperita* oder *Nepeta cataria*)

Zu gleichen Teilen in einen Inhalator oder eine Duftlampe geben und die Katze, eventuell im Körbchen, davor setzen. Oreganoöl wirkt antibakteriell (nicht auf die Haut bringen!), Lorbeeröl hat eine antiinfektiöse und ausgleichende Wirkung auf das vegetative Nervensystem. Eukalyptus fördert den Auswurf, Pfefferminze ist desinfizierend und anregend. Die Kombination dieser ätherischen Öle ergänzt sich in ihrer Wirkung gegen die Erkältung besonders gut. Natürlich kann auch der Mensch von dieser Ölmischung profitieren. Da die Katze Katzenminze der normalen Pfefferminze vorzieht, wird die Inhalation für die Katze mit Katzenminze attraktiver.

Verletzungen

Wundgel für kleine Wunden

1 g	Xanthan
1 g	Meristemextrakt
10 ml	frisch abgekochtes Wasser
evtl. 5 Tr.	Paraben K

Xanthan mit Meristemextrakt in einem Gläschen anrühren, dann portionsweise Wasser und eventuell zur Konservierung Paraben K hinzugeben. Falls das Gel zu dünnflüssig ist, weiteres Xanthan zufügen. Es hat eine entzündungshemmende und vermutlich auch antiallergene Wirkung. Gel mehrmals täglich auf die betreffende Stelle geben. Das kühlende Gel eignet sich besonders gut bei Insektenstichen und bereits geschlossenen Bißverletzungen. Im Kühlschrank ist das Wundgel eine Woche haltbar, bei Konservierung mit Paraben K ca. zwei Monate.

Abb. 2: Das kühlende Wundgel eignet sich besonders gut nach Insektenstichen und leichten Bißverletzungen.

Abb. 3: Die Niemwundcreme der Hobbythek bewirkt ein Abschwellen und Abheilen schmerzhafter Wunden.

Wundspray

1 Msp.	Hyaluronsäure HT
50 ml	abgekochtes Wasser
3 Spatelspitzen	Kochsalz
5 Tr.	Teebaumöl (*Melaleuca alternifolia*)
½ Meßl.	D-Panthenol
10 Tr.	LV 41
evtl. 20 Tr.	Paraben K

Hyaluronsäure in der gesamten Wassermenge lösen. Hyaluronsäure bildet zunächst ein Gel und löst sich erst nach ca. zehn Minuten, dann Kochsalz zusetzen. Teebaumöl, D-Panthenol, den Lösungsvermittler LV 41 und eventuell das Konservierungsmittel Paraben K dazugeben.
Hyaluronsäure hinterläßt beim Trocknen einen schützenden Film. D-Panthenol hat eine entzündungshemmende und wundheilungsfördernde Eigenschaft. Teebaumöl desinfiziert und wirkt entzündungshemmend. Sie können das Wundspray mit Paraben K konservieren. Das Spray eignet sich für Wunden, die nicht von Fell bedeckt sind, insbesondere an den Pfotenballen. Zwei- bis dreimal am Tag einsprühen. Dieses hervorragende Wundspray ist keineswegs nur für die Katze reserviert, sondern erfüllt in jeder Hausapotheke – auch beim Menschen – hervorragende Dienste. Konserviert ist das Spray ca. drei Monate haltbar.

Wundpuder

2 Msp.	Wismutgallat
20 g	Talcum
5 Tr.	Deutsches Kamillenöl (*Matricaria recutita*)

Wismut und Talcum miteinander vermischen, Kamillenöl zugeben und erneut vermengen. Der sauber zubereitete Puder kann auf nässende Wunden gestreut werden. Talcum trocknet die Wunde, Wismutgallat gerbt die Haut und fördert die Wundheilung, Kamillenöl wirkt stark entzündungshemmend und antiallergisch. Dieser Puder ist mindestens ein halbes Jahr haltbar und auch für den Menschen oder andere Tiere gut geeignet.

Niempaste gegen kleine Wunden

Die Früchte, Samen und Blätter des tropischen Niembaums haben medizinische und kosmetische Wirkung, eignen sich aber auch hervorragend zur Ungezieferbekämpfung.

Niempaste (Niempomade) ist ein Produkt aus den Niemsamen und entsteht bei der Herstellung von Niemöl. Um das kaltgepreßte Öl von letzten kleinen Rückständen zu reinigen, wird es geschleudert. Der Schleuderrückstand ist nichts anderes als die Niempaste.

Die braune feste Paste wird in vielen tropischen Ländern als Wundpaste für Nutztiere verwendet. Auch bei Katzen erfüllt sie gute Dienste. Geben Sie die Niempaste auf kleine verkrustete Wunden, lassen Sie sich dabei aber nicht von Aussehen und Geruch der Paste abschrecken: Ihre Wirkung ist überzeugend und hat auch schon manchen Menschen ermuntert, die Paste für eigene Wunden zu benutzen. Dem steht natürlich nichts entgegen.
Etwas besser riecht unsere Niemwundcreme.

Niemwundcreme

10 g	Niempaste
10 Tr.	D-Panthenol
2 Tr.	Strohblumenöl (*Helichrysum italicum*)
15 Tr.	Meristemextrakt
½ TL	Niemöl bzw. Speiseöl (z. B. Sonnenblumenöl, Maiskeimöl)

Bei der Niemwundcreme wird die Wirkung der Niempaste durch zusätzliche Wirkstoffe unterstützt. Diese und das Öl in die Paste einrühren. Der Ölzusatz sorgt für eine weiche Konsistenz. Die Wundcreme kann so auch an besonders empfindlichen Körperteilen wie den Ohren verwendet werden und haftet besonders gut. D-Panthenol und Meristemextrakt wirken entzündungshemmend und heilungsfördernd, Strohblumenöl wirkt darüber hinaus zellregenerierend und hilft beim Abschwellen und Abheilen der Wunde. Aber nicht auf offene Wunden auftragen!

Zwar sind Katzen hervorragende Kletterer, doch trotzdem haben sie immer wieder kleine Unfälle. So springen sie zum Beispiel aus luftiger Höhe auf Stein- oder Asphaltböden und verstauchen sich dabei eine Pfote. Meist hinken die Tiere dann ein bis zwei Tage, bis der Schaden wieder ausgeheilt ist. Sogar Knochenbrüche heilen manchmal ohne tierärztliche Versorgung von alleine aus. Dann besteht jedoch die Gefahr, daß der Bruch schief zusammenwächst. Deshalb sollten Sie mit Tieren, die länger als zwei Tage hinken, zum Tierarzt gehen.

Öl bei Prellungen und Verstauchungen

30 ml	Mandelöl
15 Tr.	Petitgrain Mandarine (*Citrus reticulata*)
10 Tr.	Estragonöl (*Artemisia dracunculus*)
5 Tr.	Römisches Kamillenöl (*Anthemis nobilis*)
15 Tr.	Muskatellersalbeiöl (*Salvia sclarea*)
5 Tr.	Pfefferminzöl (*Mentha x piperita*)
5 Tr.	Strohblumenöl (*Helichrysum angustifolium*)
10 Tr.	Lorbeeröl (*Laurus nobilis*)
20 Tr.	D-Panthenol

Die ätherischen Öle können direkt in das Mandelöl gegeben werden, zum Schluß D-Panthenol zusetzen. Betroffenes Körperteil zweimal am Tag mit dem Öl einreiben. Der Geruch der ätherischen Öle verhindert in der Regel, daß die Katze das Öl ableckt. Petitgrain wirkt stark entspannend, Estragon, Muskatellersalbei und Römische Kamille krampflösend, Pfefferminze desinfiziert, Strohblume wirkt entzündungshemmend und zellregenerierend, Lorbeeröl antiinfektiös, D-Panthenol ist hautpflegend.

Erste Hilfe

Manchmal sind es nur kurze Momente, die das Wohlbefinden eines gesunden Tiers beeinträchtigen, so zum Beispiel ein Insektenstich. Stiche von Wespen oder Bienen können mit einer frisch aufgeschnittenen halbierten Zwiebel behandelt werden. Diese wird fest auf die Wunde gedrückt. Zum Abschwellen des Gewebes eignet sich auch eiskaltes Wasser. War eine Biene die Übeltäterin, muß der Stachel mit den Widerhaken entfernt werden. Die Wunde kann mit einem Tropfen Teebaumöl behandelt werden.
Schwere Verletzungen oder Vergiftungen sind für den Laien weitaus schwieriger zu versorgen. Bei Vergiftungen

sollte das Tier sofort zum Erbrechen gebracht werden. Nur so kann verhindert werden, daß sich das Gift im Körper ausbreitet. Der Tierarzt spritzt im Vergiftungsfall sofort ein Mittel, das die Katze würgen läßt. Da der Tierhalter dies nicht kann und er in der Regel auch nicht weiß, was die Katze gefressen hat, sollte sofort der Tierarzt aufgesucht werden. Überall gibt es einen Notdienst rund um die Uhr, den Ihnen der Anrufbeantworter Ihres Tierarztes nennen kann, für den Fall, daß er nicht erreichbar ist.
Bei Unfällen kann auch der Laie helfen. Stark blutende Wunden an den Extremitäten sollten sofort abgebunden werden. Dies kann mit einem Taschentuch oder sogar einem Schlips geschehen, besonders günstig ist, wenn die Bandage aus elastischem Material besteht. Nach 20 Minuten muß die Abbindung jedoch wieder für einige Zeit gelockert werden, da sonst das Bein abstirbt. Stark blutende Wunden am Leib sollten zunächst mit einem Druckverband versehen werden, bevor das Tier dann natürlich sofort zum Tierarzt gebracht wird: Ein Transportbehälter mit festem Untergrund verhindert dabei weitere Verletzungen auf dem Weg.

Floh & Co. – Parasiten der Katze

Katzen, die nach draußen dürfen, bringen oft ungebetene Gäste mit ins Haus. Flöhe, Zecken und Milben fühlen sich im Fell der Katze wohl.

Zecken und Flöhe

In den Sommermonaten sollte eine Katze immer nach dem Nachhausekommen auf anhaftende Zecken untersucht werden.

Zecken warten im Gebüsch auf ihre Opfer. Nehmen sie den Geruch eines Säugetiers wahr oder spüren sie die Wärme, so lassen sie sich einfach auf den zukünftigen Wirt fallen und beißen sich dort tagelang fest. In dieser Zeit trinken sie soviel Blut, daß sich ihre Körpergröße verdreifacht.
Zecken scheinen den Geruch von Knoblauch und Zwiebeln nicht zu mögen. Im Handel gibt es Knoblauchtabletten für Katzen, die einen leicht veränderten Körpergeruch des Tieres verursachen und auf diese Weise den Zeckenangriff verhindern sollen. Dies ist allerdings kein hundertprozentiger Schutz. Wir haben in unseren Kochrezepten zum Teil Knoblauch verwendet. Wenn Ihre Katze und Sie es mögen, können Sie regelmäßig Knoblauch an die Katze verfüttern. Der Geruch wird vermutlich einige Zecken abhalten.
Zecken können mit einer Zeckenzange oder mit den Fingern herausgedreht werden. Es ist wichtig, daß der Griff tief ansetzt, andernfalls bleibt der Zeckenkopf in der Haut zurück und verursacht eine Entzündung. Die Hautstelle kann nach dem Entfernen der Zecke mit unserem Wundgel (siehe *Seite 72 f.*) behandelt werden.

Das häufigste Ungeziefer bei Katzen sind Flöhe. Die blutsaugenden Insekten ernähren sich keineswegs nur von Katzenblut, sondern zapfen auch sehr gerne den Menschen an. Wenn möglich trinken die Flöhe täglich Blut und hinterlassen dabei einen pöckchenartigen juckenden Flohstich.
Die Eier der Flöhe werden von den Weibchen meist auf Teppiche, Matratzen oder Bettzeug abgelegt. Die unscheinbaren Flohlarven ernähren sich von Schmutz und Staub und belästigen weder Katze noch Mensch. Doch schnell reifen sie zu erwachsenen Flöhen heran, die wiederum Katze und Mensch befallen.

Schon ein Floh in der Wohnung gilt als Alarmzeichen und sollte sofort bekämpft werden.
Zunächst bei der Katze. Leider sind fast alle in Apotheken und im Fachhandel erhältlichen chemischen Präparate, insbesondere die sogenannten Flohhalsbänder, sowohl für die Katze als auch für den Menschen giftig. Hier werden pestizide Stoffe über einen längeren Zeitraum freigesetzt. Dazu zählen Permethrine (Pyrethroide), Carbamate und Organophosphate. Die Hersteller geben selbst an, daß trächtige Tiere oder Welpen ein solches Pestizidhalsband nicht tragen dürfen. Allerdings ist die Katze mit der chemischen Keule nach kurzer Zeit flohfrei, und auch die Flohinvasion in der Wohnung geht schnell zurück.
Als unbedenklich soll lediglich ein chemisches Flohspray mit dem Wirkstoff

Fipronil gelten. Dieser Stoff blockiert die Wirkung eines Neuroregulators im Gehirn der Parasiten, der bei Wirbeltieren nicht vorhanden ist und somit auch nicht beeinträchtigt werden kann.

Wir haben uns bemüht, natürliche Wege zu finden, mit denen Sie die Flohplage wirkungsvoll bekämpfen können. Unser Flohpulver HT ist sowohl für die Katze als auch für den Menschen völlig ungiftig, tötet jedoch die Flöhe wirksam ab.

Flohpulver HT – die mechanische Strategie

Unsere Kieselgur funktioniert nach einem völlig anderen Wirkprinzip: Sie trocknet nämlich die Parasiten einfach aus. Das leichte, feine Pulver wird aus fossilen Kieselalgen gewonnen und setzt sich auf dem Ungeziefer fest. Dabei trocknet es den feinen Lipidfilm auf der Oberfläche des Chitinpanzers der Flöhe aus. Durch die „undichte" Stelle kann nun Wasser entweichen und der Floh trocknet aus.
Die Katze wird mit dem völlig geruchlosen Pulver eingestäubt bzw. das Pulver wird mit der Hand gründlich im Fell verteilt. Dabei sollte es auch gegen den Strich in den Pelz gebracht werden. Die

Abb. 4: Wenn die Katze sich zu oft kratzt, sind wahrscheinlich ungebetene Gäste wie Flöhe, Milben oder Zecken daran schuld.

Katze, die jetzt zwar etwas staubig aussieht, läßt sich diese Behandlung in der Regel gefallen. Stäuben Sie auch den Ruheplatz Ihres Tieres ein. Allerdings darf die Kieselgurschicht nicht offen liegen, sondern muß mit einem dünnen Tuch bedeckt werden, da viele Katzen den krümeligen Boden auf ihrem Lieblingsplatz als unangenehm empfinden und meiden. Durch die Webstruktur des Tuches gelangt jedoch immer noch genug Fossilstaub ins Katzenfell. Nach drei bis vier Tagen wird die Katze, falls nötig, ausgebürstet, die Behandlung kann bei Bedarf wiederholt werden. Kieselgur ist auch bei innerer Anwendung für Mensch und Tier völlig harmlos. Durch die besondere Kristallstruktur ist das Flohpulver HT sehr fein und extrem hygroskopisch, also wasseranziehend. Unser Flohpulver kann auch gegen Parasiten bei anderen Tieren, zum Beispiel Hunden, eingesetzt werden. Außerdem eignet es sich hervorragend für den Vorratsschutz. In Ritzen, Ecken und Fugen gestreut, kann mit dem Pulver das meiste Ungeziefer unschädlich gemacht werden.

Abb. 5: Das Flohpulver aus Kieselgur führt zur Austrocknung der ungebetenen Gäste im Katzenpelz.

Hygiene für Katze und Mensch

Wenn die Wohnung mit Floheiern infiziert ist, reicht es nicht mehr aus, allein die Katze zu behandeln. Die Flohlarven entgehen der Behandlung und sorgen für baldigen Nachschub. Deshalb ist es wichtig, Böden, Teppiche sowie Polster und Matratzen gegen Flöhe zu behandeln. Dabei sollten die Plätze, die die Katze bevorzugt zum Schlafen aufsucht, besonders intensiv gereinigt werden. Waschbare Kissen und Bezüge sollten bei mindestens 50 °C gewaschen werden. Fußböden und wischbeständige Möbel können mit unserem Niemwischwasser abgeseift werden. Polster und Teppiche lassen sich mit dem wässrigen Niemsamenextrakt behandeln. Achtung: Vorher den Untergrund auf Fleckenbildung testen.

Niemwischwasser

10 ml	Fluidseife
5 ml	Oranex
10 ml	Niemblättertinktur oder wässr. Niemsamenextrakt
20 Tr.	Lavendelöl (*Lavandula angustifolia*)
20 Tr.	Teebaumöl (*Melaleuca alternifolia*)
1 l	Wasser

Fluidseife, Oranex und Niemblättertinktur (Herstellung siehe *Seite 80*) bzw. wässrigen Niemsamenextrakt (Herstellung siehe unten) vermischen, ätherische Öle zugeben und mit Wasser auffüllen. Sofort verwenden. Die Niemblättertinktur hat genau wie Niemsamen und Niempreßkuchen sowohl eine abwehrende als auch eine schädigende Wirkung auf das Ungeziefer. Oranex ist ein Reinigungsmittel auf der Basis von Orangenöl, Fluidseife ist Schmierseife. Teebaumöl desinfiziert, Lavendelöl verleiht dem Wischwasser einen angenehmen Duft. Statt Niemtinktur kann auch wässriger Niemextrakt verwendet werden, der etwas preisgünsiger ist. Ausführliche Informationen über die Wirkung und Anwendungsmöglichkeiten der Niemwirkstoffe finden Sie in dem Buch „Wunderbaum Niem. Medizin, Kosmetik, Pflanzenschutz aus der Natur", Köln 1996.

Wässriger Niemsamenextrakt

25 g	gemahlene Niemsamen
½ l	Wasser

Gemahlene Niemsamen mit Wasser übergießen und unter gelegentlichem Umrühren drei bis vier Stunden stehen lassen, mit einem Teesieb oder einem feinen Damenstrumpf feste Bestandteile abfiltrieren. Der wässrige Niemextrakt ist im Kühlschrank mehrere Tage haltbar.

Ohrmilben

Neben Flöhen und Zecken sind es vor allen Dingen Milben, die Katzen das Leben schwermachen können. Ohrmilben leben, wie der Name schon sagt, in Katzenohren. Sie finden sich besonders bei Jungtieren und leben gern unter dem Ohrenschmalz. Zur Behandlung eignen sich hier wieder besonders die Wirkstoffe des Niembaums. Unseren Niemkontroller haben wir bereits in der Hobbythek-Sendung „Niem – ein Baum für alle Fälle" vorgestellt. Auch gegen Krätzmilben ist der Kontroller sehr wirkungsvoll. Der Vorteil bei diesem ungiftigen Gel besteht auch darin, daß dies nach der Anwendung auf der Haut oder im Ohr verbleiben kann, ohne nach kurzer Zeit wieder abgewaschen zu werden.

Niemkontroller

2 Meßl.	Xanthan
25 ml	Niemblättertinktur
75 ml	Wasser
evtl. 10 Tr.	Paraben K

Xanthan mit der Niemblättertinktur (Herstellung siehe *Seite 82*) anrühren, Wasser zusetzen und quellen lassen. Nach Bedarf mit Paraben K konservieren. Niemkontroller mit dem Finger oder einem Läppchen in das Katzenohr geben und von außen leicht einmassieren. Wegen der Verletzungsgefahr auf keinen Fall Wattestäbchen benutzen! Behandlung zwei- bis dreimal die Woche insgesamt etwa drei Wochen lang durchführen. Der Kontroller hält unkonserviert ca. einen Monat, konserviert bis zu einem halben Jahr.

Wer Würmer hat, ist nie allein

Neben äußeren Parasiten leiden Katzen häufig an Würmern. Insbesondere Katzenwelpen sind fast immer von Würmern betroffen. Bei ihnen kann ein schwerer Wurmbefall zu lebensbedrohlichen Situationen führen. Die wohl häufigsten Würmer bei der Katze sind Spul-, verschiedene Band- und Hakenwürmer, seltener Herz- und Lungenwürmer. Leider gibt es bisher keine wirksamen natürlichen Präparate gegen diese inneren Schmarotzer. Einigen Kräutern, insbesondere dem Wermut, wird eine Anti-Wurm-Wirkung nachgesagt. Doch dies kann allenfalls unterstützend wirken, zudem schmeckt Wermut extrem bitter und ist deshalb für die Katze sehr unangenehm.
In der Regel ist die vom Tierarzt angeordnete Wurmkur die einzig wirksame Maßnahme. Natürlich sollte der Katzenhalter versuchen, sein Tier vor Infektionen zu schützen. Maus- und anderes rohes Fleisch kann infektiöse Stadien von verschiedenen Band- und Hakenwürmern enthalten. Der Gurkenkernbandwurm wird nicht im rohen Fleisch, sondern über Flöhe und Haarlinge (Beißläuse) übertragen. Spulwürmer und ihre Eier können in Mäusen, Katzenkot und Muttermilch enthalten sein. Aus diesem Grund sind gerade die Katzenwelpen sehr oft mit Spulwürmern infiziert.
Katzen, die keine Mäuse fangen und auch kein rohes Fleisch fressen, sind weniger gefährdet. Eine gute Ernährung und Fellpflege stärken den Allgemeinzustand und damit auch die Abwehrkräfte. Insbesondere Bandwürmer verursachen bei vielen Katzen Analprobleme. Diese können mit unserer Analcreme (siehe *Seite 83*) behandelt werden. Ziehen Sie dazu Handschuhe an oder waschen Sie sich nach der Behandlung gründlich die Hände.

Infektionskrankheiten

Tollwut
Auch im eigenen Interesse ist der Impfschutz gegen Tollwut wichtig. Katzen, die nach draußen dürfen, können sich dort an infizierten Nagern anstecken. Die Krankheit ist unheilbar. Die Tollwutviren dringen ins Gehirn vor und verursachen dann eine Verhaltensstörung. Erkrankte Tiere werden aggressiv, beißen und übertragen mit dem Speichel die Erreger weiter, bis sie schließlich zugrunde gehen. Auch für Menschen, die sich auf diesem Weg infizieren können, ist die Krankheit tödlich.

Leukose

Wer einmal eine Katze durch Leukose verloren hat, der weiß wie schrecklich dieses Leiden für das Tier ist. Katzen infizieren sich untereinander über Speichelkontakt mit dem Virus (FeLV). Manchmal bricht die Krankheit erst Jahre später aus. Eine extreme Blutarmut, gebunden an eine Schwächung des Immunsystems, oder krankhaft angeschwollene Thymusdrüsen sind die schlimmen Symptome der Krankheit, die letztendlich zum Tod führt. Seit einigen Jahren gibt es aber einen sicheren Impfschutz.

FIP

Der lustige Name verheißt leider nichts Gutes. Auch hier sorgt ein Virus für eine tödliche Infektion. Die Feline infektiöse Peritonitis ist eine Bauchfellentzündung, die sowohl trocken als auch feucht, das heißt mit Wasseransammlungen im Bauchraum, verlaufen kann und letztendlich zum Tode führt. Die infektiösen Coronaviren werden nicht nur im Direktkontakt zwischen Katzen, sondern auch über Gegenstände übertragen. Einige Katzen erkranken nicht, sondern scheiden lediglich die gefährlichen Viren aus. Katzenjunge werden manchmal bereits über die Mutter infiziert, die selber symptomfrei bleiben kann. In Katzenzuchten oder Tierheimen kann diese Krankheit besonders verheerende Schäden anrichten. Die wirksame Schutzimpfung wird über Nasentropfen beim Tierarzt durchgeführt.

Katzenseuche

Wer in dörflicher Umgebung lebt, kann fast jedes Jahr beobachten, daß mit einem Schlag fast alle „wild" lebenden Katzen verschwunden sind. Der Grund: Die Tiere sind an der Katzenseuche gestorben. Bei den Erregern handelt es sich um Parvoviren, die zu den widerstandsfähigsten Viren überhaupt zählen. Katzen können sich sogar noch anstecken, wenn in Ihrer Wohnung Jahre zuvor eine erkrankte Katze gelebt hat. Erbrechen und schwere Durchfälle mit Fieberschüben sind die Hauptsymptome dieser fast immer tödlich endenden Krankheit. Die Behandlung eines kranken Tieres sollte so schnell wie möglich beginnen, allerdings wird auch der Tierarzt insbesondere Jungtiere nicht immer retten können. Die Impfung gegen diese häufigste Katzenkrankheit liefert einen hundertprozentigen Schutz und hat die Seuche heute weitgehend zurückgedrängt.

Katzenschnupfen

Der Katzenschnupfen kann durch verschiedene Viren (Herpesviren, Caliciviren) hervorgerufen werden. Nase und Augen können starken Ausfluß zeigen, dazu stellen sich meistens gefährliche Sekundärinfektionen ein. Es ist wichtig, die Nase von Verkrustungen frei zu halten, andernfalls besteht für die Katze Erstickungsgefahr. Katzenschnupfen ist besonders bei Jungtieren eine Gefahr, wenn ihnen die Muttermilch mit den schützenden Antikörpern zu früh entzogen wurde. Auch für ältere Tiere ist der Katzenschnupfen eine enorme Belastung und kann unter Umständen zum Tod führen. Eine Schutzimpfung ist deshalb dringend angeraten.

Schutzimpfungen retten Katzenleben

Wer für sein Tier Verantwortung empfindet, der wird es gegen die fünf beschriebenen Virusinfektionen impfen lassen. Der Tierarzt bietet sie als Kombinationsimpfung an; im Jahr kosten alle Impfungen zusammen ca. 175 DM. Dieses Geld ist sicher gut angelegt: Schutzimpfungen verhindern wirkungsvoll lebensgefährliche Infektionen.

Toxoplasmose

Diese eigentlich völlig harmlose Erkrankung hat bei vielen Menschen dafür gesorgt, daß die Katze völlig zu Unrecht als „Pestbeule" diffamiert wurde: Die Katze kann sich genau wie alle anderen Säugetiere, zum Beispiel Hund oder Schwein, durch rohes Fleisch mit dem einzelligen Toxoplasma-Erreger infizieren. Allerdings entstehen ausschließlich bei der Katze als Endwirt dieses Parasiten infektiöse Zysten im Darm, die sie mit dem Kot ausscheidet. Kommen Tiere mit altem Katzenkot in Kontakt, können sie sich auf diesem Weg infizieren, die Erreger vermehren sich im Darm, wandern dann ins Fleisch und verbleiben dort.
Auch der Mensch kann sich sowohl über rohes Fleisch (Tatar, Mett) als auch über Katzenkot anstecken. Die Krankheit ist so häufig, daß nahezu jeder in seinem Leben irgendwann

infiziert wird. Diese Infektion wird kaum bemerkt, da sich – wenn überhaupt – nur leichtes Unwohlsein einstellt. Leider kann bei schwangeren Frauen eine frische Infektion – besonders im letzten Drittel der Schwangerschaft – den Fötus schädigen. Augenschäden bis hin zum Wasserkopf sind die Folge.

Bei einer werdenden Mutter, die bereits vor der Schwangerschaft infiziert war, ist die Gefahr gebannt. Ein Test kann hierüber Auskunft geben. Besteht keine Infektion, sollten Sie auf keinen Fall rohes Fleisch zu sich nehmen. Falls Ihre Katze sich ausschließlich in der Wohnung aufhält und nie rohes Fleisch bekommt, kann auch die Katze kein Infektionsherd sein. Sie können, um sicherzugehen, ihre Katze übrigens auch auf Toxoplasmose testen lassen.
Frißt die Katze hin und wieder jedoch mal eine Maus, dann ist Vorsicht geboten. Das Katzenklo sollte nun jemand anders als die werdende Mutter reinigen. Nach dem Streicheln der Katze sollte sich die Schwangere die Hände waschen und auf „Nasereiben" oder gar ein „Küßchen" verzichten. Es ist also nicht zwangsläufig die Katze, sondern vor allem der Umgang mit ihr während der Schwangerschaft, der ein Risiko für das Ungeborene darstellen kann.

Abb. 6: Schwangere Frauen sollten auf das Schmusen mit ihrer Samtpfote verzichten, um eine Schädigung des Kindes durch die Toxoplasmose zu vermeiden.

Katzenaids

Tatsächlich gibt es auch bei Katzen eine ansteckende Immunschwächekrankheit, die durch das FI-Virus verursacht wird. Dieses ist für den Menschen nicht ansteckend. Die Katzen übertragen den Virus untereinander durch Bißwunden, zum Beispiel bei Kämpfen oder dem Katerbiß beim Geschlechtsverkehr (siehe *Seite 33 f.*). Ähnlich wie beim menschlichen HI-Virus können auch infizierte Katzen über Jahre symptomfrei leben. Im vorgerückten Alter werden sie jedoch anfälliger für Infektionen, die dann meist später zum Tode führen. Gegen FIV gibt es genau wie gegen HIV keine Schutzimpfung. Eine gute Pflege und unter Umständen tierärztliche Betreuung kann auch infizierten Katzen über viele Jahre hinweg ein fröhliches Leben ermöglichen.

Rezepte für die Katzenpflege

Im Prinzip können sich Katzen selbst pflegen. Doch gibt es einige Ausnahmen. Perserkatzen beispielsweise sind nicht in der Lage, ihr Fell sauberzuhalten. Sie müssen täglich gebürstet und bei starker Verschmutzung gebadet werden. Auch manche andere Katze ist so verdreckt, daß ein Bad notwendig werden kann. Im Prinzip kann sich eine normale Hauskatze zwar sauberlecken, doch schluckt sie den Schmutz dabei herunter. Das kann manchmal sehr ungesund sein, wenn ihr Fell zum Beispiel mit Waschpulver, Trockenfarbe oder ähnlichem verschmutzt ist. In solchen Fällen muß sie zunächst gebürstet und danach gebadet werden. Mit unserem Shampoo ist dabei die Qual für die Katze nur halb so groß, da wir garantieren können, daß unser extrem mildes Face-Tensid weder in den Augen noch an anderen Schleimhäuten brennt.

Shampoo für Langhaarkatzen

70 ml	Face-Tensid
100 ml	Wasser
ca. 10 ml	Rewoderm HT
1 Meßl.	Nuratin
1 Meßl.	Haarquat
1 ml	Niemöl
10 Tr.	D-Panthenol
20 Tr.	Paraben K
evtl. 10–15 Tr.	Vanille- (*Vanilla planifolia*) oder Lavendelöl (*Lavandula angustifolia*)

Face-Tensid mit Wasser mischen. Dann das Rewoderm langsam einrühren, bis die Masse die gewünschte Shampoo-Konsistenz erhält (Achtung: Rewoderm verdickt mit leichter zeitlicher Verzögerung). Anschließend Nuratin, Haarquat, Niemöl und D-Panthenol zusetzen. Mit Paraben K konservieren und – falls die Katze den Geruch schätzt – mit Vanille- oder Lavendelöl parfümieren. Nuratin ähnelt in seiner Wirkung dem Keratin, hat jedoch keinen tierischen Ursprung, sondern ist ein Eiweiß aus der Weizenpflanze. Nuratin verleiht dem Fell Glanz, Haarquat verhindert, daß sich das Fell elektrisch aufläd, und D-Panthenol macht die Haare elastischer, das Fell fülliger und pflegt die Haut. Niemöl pflegt und wirkt gleichzeitig gegen Ungeziefer.

Der Katzenfrisör

Langhaarkatzen müssen täglich gebürstet werden. Geschieht dies nicht, wird ihr Fell schnell verfilzen. Beim Bürsten können pflegende Stoffe für einen seidigen Glanz in das Fell gebracht werden. Manche Katzen mögen Pflegesprays, andere nicht. Zwingen Sie Ihr Tier aus kosmetischen Gründen keinesfalls dazu. Bei Freigängern hingegen ist unser Spray wegen seiner vorbeugenden Wirkung gegen Ungeziefer sehr empfehlenswert.

Fellpflegespray für Langhaarkatzen

20 ml	Niemblättertinktur
80 ml	Wasser
1 TL	D-Panthenol
1 Meßl.	Nuratin
1 Meßl.	Haarquat
2 Msp.	Elastinpulver
5 Tr.	Betain
5 Tr.	Teebaumöl (*Melaleuca alternifolia*)
evtl. 20 Tr.	Paraben K

Die Zutaten gut vermischen.

Abb. 1: Das Fellpflegespray der Hobbythek verhindert insbesondere bei Langhaarkatzen das Verfilzen des Fells.

Die Niemwirkstoffe der Niemblättertinktur (Herstellung siehe rechts) halten Ungeziefer fern und haben eine pflegende und entzündungshemmende Wirkung auf die Haut. Betain stärkt das Fell, Teebaumöl wirkt leicht desinfizierend und beugt Hautpilzen vor. Elastin ergänzt die Wirkung von Nuratin und bildet einen Schutzfilm auf Haut und Haar. Die Wirkung von Nuratin, D-Panthenol und Haarquat ist unter „Shampoo für Langhaarkatzen" auf *Seite 81* beschrieben.
Pflegespray vor Gebrauch schütteln!
Beim Bürsten mit der Hand verteilen.
Das Spray ist ca. acht Wochen haltbar, bei Konservierung mit Paraben K ein halbes Jahr.
Kurzhaarkatzen brauchen nicht gebürstet zu werden und benötigen normalerweise auch kein pflegendes Fellspray. Dennoch haben manche Katzen eine solche Behandlung sehr gern. Bei rauhem Fell sorgt das Spray außerdem für Glanz. Die beruhigende Wirkung auf die Haut kann insbesondere nach Floh- oder Zeckenattacken sehr angenehm für das Tier sein. Außerdem beugt unser Fellspray einem Befall mit Fellparasiten vor.

Fellpflegespray für Kurzhaarkatzen

2 Msp.	Fluidlecithin super
2 Msp.	Jojobaöl
5 Tr.	Betain
1 Msp.	D-Panthenol
20 ml	Niemblättertinktur
8 Tr.	Teebaumöl (*Melaleuca alternifolia*)
3 Tr.	Vanilleöl (*Vanilla planifolia*)
3 Tr.	Echtes Eisenkrautöl (*Lippia citriodora*)
10 Tr.	Meristemextrakt
80 ml	Wasser
evtl. 20 Tr.	Paraben K

Fluidlecithin mit Jojobaöl, Betain und D-Panthenol vermischen, Niemblättertinktur (Herstellung siehe rechts) dazugeben und ätherische Öle wie Teebaumöl, Vanilleöl (Absolue in Branntwein) und Eisenkrautöl zusetzen. Meristemextrakt ins Wasser geben und diese Lösung unter Umrühren zu den anderen Bestandteilen zugeben. Eventuell mit Paraben K konservieren.

Jojobaöl und Fluidlecithin verleihen dem kurzen Fell Glanz. Die Niemblätterwirkstoffe pflegen und halten Ungeziefer fern. Fluidlecithin super ist ein Emulgator und hat leicht rückfettende Eigenschaften. Jojobaöl ist ein Pflegeöl aus der Kosmetik. Eisenkraut wirkt wie der Meristemextrakt entzündungshemmend und beruhigend auf die Haut. Vanilleöl verleiht einen angenehmen Geruch. Die Wirkung von Teebaumöl und D-Panthenol ist unter „Fellpflegespray für Langhaarkatzen" (links) beschrieben.
Pflegespray vor Gebrauch schütteln!
Beim Bürsten mit der Hand verteilen.
Das Spray ist ca. acht Wochen haltbar, bei Konservierung mit Paraben K ein halbes Jahr.
Herstellung der in den Rezepten angegebenen Niemblättertinktur:

Niemblättertinktur

25 g	Niemblätter
100 ml	Alkohol (70 %) bzw. kosmetisches Basiswasser mit Wasser auf 70 % verdünnt (75 ml kosmetisches Basiswasser und 25 ml Wasser)

Die Niemblätter zerstoßen oder zermahlen und mit dem Alkohol aufgießen. Die Mischung maximal eine Woche ziehen lassen und abfiltrieren. Diese Tinktur ist mehrere Monate haltbar und auch als Fertigprodukt erhältlich.

Intimpflege

Besonders dicke Katzen neigen zu Anal- und Scheidenproblemen, da sie aufgrund ihrer Korpulenz beim Putzen diese Körperregion nicht mehr erreichen können. Entzündungen der Drüsen um den After (Zirkumanaldrüsen) und (bei Weibchen) Scheidenausfluß können die Folge sein. Bei Persern können die langen Haare den After verkleben. Zur äußeren Pflege dieser Region eignet sich unsere Anal- und Scheidencreme hervorragend. Aber Achtung: Bei weiblichen Tieren erst die Scheide und dann den After behandeln, nicht umgekehrt, sonst besteht Infektionsgefahr durch Darmbakterien.

Anal- und Scheidencreme

10 g	Cremaba
3 Tr.	Teebaumöl (*Melaleuca alternifolia*)
3 Tr.	Lavendelöl (*Lavendula angustifolia*)
3 Tr.	Deutsches Kamillenöl (*Matricaria recutita*)
30 Tr.	Meristemextrakt
1 ml	Johanniskrautöl (*Hypericum officinalis*)

Die Cremegrundlage Cremaba abwiegen. Die einzelnen Zutaten können einfach eingerührt werden, da Cremaba eine Emulsion darstellt, die sich sowohl mit öligen als auch mit wäßrigen Bestandteilen mischen läßt. Mit dem Finger oder einem Läppchen in die Analhaut einmassieren bzw. die Scheide vorsichtig äußerlich eincremen. Die Anal- und Scheidencreme wirkt entzündungshemmend, desinfizierend und hält die zarte Haut geschmeidig.

Abb. 2: Kurzhaarkatzen können ihr Fell selbst pflegen, doch auch ihnen verleiht ein Pflegespray seidigen Glanz und schützt sie vor Floh- oder Zeckenattacken.

Katzenklo – macht nicht nur die Katze froh

Katzen sind saubere Tiere. Sie benötigen für ihre Geschäfte eine Katzentoilette, die stets mit frischer Streu gefüllt sein sollte. Als Gefäß eignet sich eine Plastikschüssel mit hoher Kante, die verhindert, daß die Katze beim Scharren Streu aus der Schüssel wirft oder – bei Katern sehr beliebt, aber meist von diesen nicht einmal bemerkt – über den Rand der Schüssel pinkelt. Gut geeignet sind im Handel erhältliche Katzentoiletten mit Dach. Hier kann sich die Katze unbeobachtet zum Geschäft zurückziehen und hat kaum Möglichkeiten, Streu und anderes im Zimmer zu verteilen. Einige Katzen sind wahre Weltmeister im Verscharren ihrer Exkremente. Katze Mina konnte sich so in Stimmung

Abb. 1: Die Katzentoilette sollte einen hohen Rand haben oder gar überdacht sein, damit die Katze nach Herzenslust ihr „Geschäft" verscharren kann, ohne die Streu im ganzen Raum zu verteilen.

scharren, daß sie manchmal auch die Umgebung der Katzentoilette miteinbezog. Ihre Toilette befand sich im Badezimmer, das nur von wenig stabilen Rigipswänden begrenzt war. Wenn Mina ihre Kratzorgien startete, hatten wir jedesmal Angst, daß die ganze Wand umfallen könnte.

Die richtige Streu

Entscheidend für eine gute Streu ist eine hohe Saugfähigkeit. Das ist bei der weit verbreiteten Mineralstreu der Fall. Die meisten im Handel erhältlichen Granulate bestehen aus Tonmineralien unterschiedlicher Qualität. Für die Katze ist entscheidend, daß ihre Toilette nicht stinkt, daß sie nicht in ihren eigenen Exkrementen steht und daß sie scharren kann. Sind diese Voraussetzungen nicht gegeben, neigen Katzen schnell einmal dazu, einen für sie angenehmeren Ort aufzusuchen, einen flauschigen Teppich, einen Schuh oder eine Matte. Mit diesem Verhalten protestiert die Katze gegen die unhygienischen Zustände in ihrer Toilette.

Ein neuer Trend bei den Katzenstreus sind die sogenannten Klumpstreus. In Kombination mit Feuchtigkeit bilden die Krümel einen festen Klumpen. Dieser hat den Vorteil, daß er als Ganzes aus der Katzentoilette entfernt werden kann. Bei Klumpstreu wird die gesamte Toilettenfüllung nur selten ausgewechselt, statt dessen werden die entstehenden Harnklumpen mit einer kleinen Plastikschippe entfernt. Das fehlende Streumaterial wird hin und wieder ergänzt.

Eine Alternative ist recycelfähige Katzenstreu auf Altpapierbasis, die seit einiger Zeit im Handel ist. Da die Papierstreu schnell stinkt, sollte sie jeden Tag ausgewechselt werden. Ein natürliches nachwachsendes Ausgangsmaterial für die Katzentoilette ist Abfallholz. Die hellgelbe Holzstreu duftet dezent nach Holz. Um eine gute Aufnahmefähigkeit der Katzenexkremente zu gewährleisten, werden die gepreßten Pellets aus zerkleinertem Holz in kleine Stücke gebrochen. Holzstreu besteht zu 100 % aus Pflanzenfasern und kann deshalb kompostiert werden. Ein weiterer Vorteil ist, daß diese Streu nicht staubt. Menschen, die empfindliche Bronchien haben, können sie ohne Probleme anwenden.
Katzen, die immer Mineralstreu benutzt haben, akzeptieren das neue Material manchmal nicht. Neues Streumaterial sollte zunächst immer alternativ zur bisher verwendeten Streu angeboten werden, andernfalls besteht die Gefahr, daß die Katze zum „Protestpinkler" wird.
Daß Hanf für vielerlei Zwecke verwendet werden kann, ist schon länger bekannt. Allerdings dürfte seine Anwendung als Katzenstreu neu sein. Die Verarbeitung der Pellets aus den Stengeln der Hanfpflanze bewirkt, daß die Streu bis zu 500 % Flüssigkeit aufnehmen kann. Dies und der Eigengeruch des Naturprodukts führen dazu, daß die Katzentoilette nicht stinkt und die ebenfalls staubfreie Streu seltener gewechselt werden muß als ihre mineralische Konkurrenz. Zwei bis drei Wochen darf sie in der Katzentoilette bleiben, vorausgesetzt die Katzenhäufchen werden regelmäßig entfernt. Allerdings kann das Material genau wie die Holzstreu in den unteren Schichten schimmeln. Die Streu ist leider nicht ganz billig und wird, vermutlich wegen des Eigengeruchs, von manchen Katzen nicht angenommen.

Toilettenhygiene

Egal wie sauber Sie und Ihre Katze die Katzentoilette halten, hin und wieder muß die Schüssel gründlich gereinigt werden. Dazu eignet sich unser Toilettenreinigungsmittel:

Toilettenreinigungsmittel HT

100 ml	Fluidseife
2 ml	Teebaumöl (*Melaleuca alternifolia*)
1 ml	Bergamotteöl (*Citrus aurantium ssp. bergamiae*)

Ätherische Öle in die Fluidseife geben und umrühren. Teebaumöl wirkt leicht desinfizierend, Bergamotteöl sorgt für einen guten Geruch. Alternativ können Sie Geranium-, Kiefer- oder Rosmarinöl verwenden. Schüssel mit der Seifenlösung gut abschrubben, mit klarem

Wasser nachspülen und trocknen lassen.
Hartnäckige Harnsteinreste oder Mineralablagerungen lassen sich mit unserem Harnsteinentferner ablösen.

Harnsteinentferner

200 ml	Kalweg
10 ml	Betain
1 ml	Fichtennadelöl (*Picea abies*)

Betain und Fichtennadelöl in Kalweg lösen, fertig. Kalweg ist eine 50%ige Lösung aus Zitronensäure und löst Kalkablagerungen. Betain emulgiert die ungelösten Partikelchen, Fichtennadelöl sorgt für einen angenehmen Geruch. Harnsteinentferner auf die Schüssel auftragen und etwas einwirken lassen. Mit einem rauhen Schwamm die Ablagerungen ablösen und gut mit klarem Wasser nachspülen.

Unsaubere Katzen

Es gibt Katzen, die treiben ihren Besitzer zum Wahnsinn: Statt die Katzentoilette zu benutzen, pinkeln sie in bestimmte Ecken im Zimmer. Feste Exkremente werden nur in Ausnahmen abgesetzt. Verschiedene Gründe können zu diesem Verhalten führen: eine stark verschmutzte Katzentoilette, eine neue ungewohnte Katzenstreu oder der Duft des Reinigungsmittels der Toilette. Oft ist es aber auch einfach Protest, der sich zum Beispiel gegen die im gleichen Haushalt lebende dominante Mitkatze richtet, gegen zu häufiges Alleinsein, gegen Familiennachwuchs, gegen Zurücksetzung oder gegen Hausarrest, der wegen einer Erkrankung ausgesprochen werden mußte. Oft sind die Gründe auch gar nicht ersichtlich.
Strafen hilft bei unsauberen Katzen aber nicht, die Tiere werden nur verängstigt und setzen dennoch ihr unappetitliches Verhalten fort. Deswegen sollte dem Tier mit viel Zuwendung immer wieder seine Toilette gezeigt werden.

Verunreinigte Stellen auf dem Teppich müssen gründlich gereinigt werden, da die Katzen diese durch den Geruch schnell als Zweitklo identifizieren. Leider läßt sich vor allem der Geruch der Urinflecken nur sehr schwer beseitigen. Da der Fleck aus dem Teppich herausgeholt und nicht in diesen hineingerieben werden sollte, empfiehlt sich ein Sprühextraktionsgerät. Entscheidend ist, daß der Wasserdampf bei dieser Maschine aus dem Teppich herausgesaugt wird, damit entweicht dann auch der Harn. Sprühextraktionsgeräte können in Baumärkten oder in Reinigungen geliehen werden. Normale Dampfdruckreiniger sind für diesen Zweck nicht geeignet. Eingetrocknete Urinflecken müssen vor der Behandlung mit Wasser eingeweicht werden.
Wer kein Sprühextraktionsgerät ausleihen oder gar kaufen möchte, der kann es mit den Reinigungsmitteln der Hobbythek versuchen.

Vier Schritte gegen Katzenpipi

1. Urinfleck drei- bis viermal mit Wasser einweichen, Wasser mit Frotteetüchern aufsaugen. Falls der Fleck bereits eingetrocknet war, diesen zuvor leicht mit Schaum einer wässrigen Oranexlösung benetzen.
2. Biozym SE auf den Fleck geben und mit feuchtem Tuch abdecken, ca. eine halbe Stunde einwirken lassen, mit Wasser und Frotteehandtüchern ausspülen.
3. Oranexlösung auf den Fleck geben und nach ca. fünf Minuten aufsaugen, mit Wasser spülen.
4. Fünfprozentige Wasserstoffsuperoxidlösung (Apotheke) im Verhältnis 1:10 verdünnen, zum Beispiel 100 Milliliter Lösung auf 1 Liter Wasser geben und 15 bis 30 Minuten auf dem Fleck einwirken lassen. Gummihandschuhe tragen. Mit Wasser mehrfach „nachspülen", also Wasser auf den Fleck geben und mit Handtüchern wieder aufnehmen.

Biozym SE löst Eiweiße im Katzenharn und verhindert bakterielle Prozesse. Oranex löst Gallenfarbstoffe, Fettsäuren und andere Urinbestandteile, Wasserstoffsuperoxidlösung bleicht und oxidiert geruchsbildende Stoffe im Harn. Vorsicht: Dieser aggressive Stoff kann Farben, insbesondere in echten Teppichen, zerstören. Testen Sie zuvor an einer winzigen, schlecht sichtbaren Stelle die Wasserstoffsuperoxidlösung oder

verzichten Sie auf diesen letzten Behandlungsschritt.
Es gibt Gerüche, die sind für Katzen äußerst unangenehm. Zu ihnen zählen zum Beispiel Zitrusdüfte oder Gewürznelke. Solche Gerüche können Katzen von bestimmten Stellen fernhalten. Auf diese Weise können Sie den Teppich vor weiteren Harnspritzattacken oder teure Polstergarnituren vor dem Krallenschärfen Ihres Stubentigers schützen.

Abwehrspray

1 ml	Zitronenöl (*Citrus limon*)
1 ml	Orangenöl (*Citrus sinensis*)
1 ml	Lemongrassöl (*Cymbopogon citratus*)
1 ml	Nelkenöl (*Eugenia caryophyllata*)
40 ml	Kosmetisches Basiswasser

Ätherische Öle mischen und Kosmetisches Basiswasser zusetzen. Betreffende Stellen regelmäßig einsprühen. Abwehrspray zuvor auf Flecksicherheit hin testen.

Abb. 2: Mit dem Abwehrspray der Hobbythek verhindern Sie, daß die Katze Ihren Teppich zerlegt oder als Toilette benutzt.

Katzenspielzeug

Junge Katzen und Tiere, die ausschließlich in der Wohnung leben, haben Lust zu spielen – auch mit ihrem Menschen. Im Fachhandel gibt es fertiges Katzenspielzeug zu kaufen. Mit etwas Phantasie läßt sich jedoch auch aus einfachsten Mitteln Spielzeug selber fertigen. Beliebt sind zum Beispiel zusammengeknüllte Papierbälle. Werden diese an eine Schnur gebunden, so ergeben sich weitere Spielmöglichkeiten. Diese werden noch effektvoller, wenn die Schnur an einen dünnen Holzstab befestigt wird. Damit kann man über der Katze in der Luft umherwedeln oder die Papierkugel als „Ersatzmaus" vor der Katze über die Erde ziehen. Auch ein einfacher dicker Faden bewirkt Wunder. Wird er über Gegenstände oder den Boden gezogen, kennen viele Katzen kein Halten mehr.

Abb. 1: Weiches, selbstgemachtes Spielzeug macht auch das Leben einer reinen Wohnungskatze kurzweilig.

Stoffspielzeug

Papierspielzeug ist naturgemäß wenig haltbar. Aus Stoff lassen sich robustere Teile fertigen. Im Prinzip eignet sich hierfür jeder Stoff. Er sollte, wenn die Katze an ihm herumkaut und ihn einspeichelt, jedoch nicht ausfärben. Vielleicht finden Sie noch geeignete Stoffreste in Ihrem Haushalt.
Der Stoff wird doppellagig hingelegt. Mit Bleistift wird nun die entsprechende Form auf den Stoff gezeichnet, zum Beispiel eine Kugel, ein Herz, ein Karo, eine Maus etc. Nun die Stofflagen mit Stecknadeln aneinander heften und ausschneiden. Mit der Maschine oder mit der Hand einen Zentimeter von der Schnittkante entfernt zusammennähen und eine ca. vier Zentimeter breite Stelle zum Wenden des Stücks offen lassen. Nach dem Wenden mit Watte, Kissenfüllmaterial oder Rundkornreis füllen und zunähen. Ihre Katze weiß es zu schätzen, wenn noch ein kleines Glöckchen oder eine Feder das Spielzeug ziert.

Geknotetes Stoffspielzeug

Eine billige und extrem einfache Möglichkeit sind alte Woll- oder Baumwollstrumpfhosen. Nachdem die beiden Beinteile in Kniehöhe abgeschnitten wurden, lassen sich Beinenden und Hosenteil phantasievoll verknoten. Entstehende Hohlräume können mit

Abb. 2: Auch Katzen haben einen Sinn für aromatische Düfte.

Watte, Reis oder Getreidekörnern gefüllt werden. Auch hier lassen sich Glöckchen oder Federn befestigen. Dazu muß der Stoff eingeschnitten werden, die Zipfel bilden dann den Knoten.

Duftendes Spielzeug

Es gibt Gerüche, die Katzen überaus schätzen. Zu ihnen zählen Baldrian und Katzenminze, aber auch Dill, Basilikum, Melisse, Lavendel oder Vanille. Diese Düfte können in Form von ätherischen Ölen auf das Spielzeug getropft werden.
Zu Beginn ist der Duft sehr intensiv, das mag manche Katze abschrecken, doch nach ein bis zwei Stunden ist das Spielzeug etwas ausgeduftet und wird besonders attraktiv für Ihr Tier.

Katzentraum

2 Tr. Baldrianöl (*Valeriana officinalis*)
2 Tr. Katzenminze (*Nepeta cataria*)
1 Tr. Echtes Eisenkraut (*Lippia citriodora*)

Ätherische Öle einfach auf das Spielzeug tropfen.
Ätherische Öle können auch auf Katzen eine stimulierende Wirkung haben. Hier einige Mischungen, die aufs Spielzeug getropft oder in Duftlampen verdampft einen Effekt auf Katzen haben können.

Ätherische Ölmischung „Guten Appetit"

2 Tr. Dillspitzenöl (*Anethum graveolens*)
2 Tr. Basilikum (*Ocimum basilicum*)
2 Tr. Katzenminze (*Nepeta cataria*)

Diese Mischung regt den Appetit an.

Ätherische Ölmischung „Powerkatze"

1 Tr. Korianderöl (*Coriandrum sativum*)
1 Tr. Melissenöl (*Melissa officinalis*)
1 Tr. Zedernöl (*Cypressus funebris*)
1 Tr. Lavendelöl (*Lavandula angustifolia*)

Die Mischung löst Ängste und weckt die Lebensgeister.

Register

Bezugsquellen für Hobbythekprodukte

ALPHA-Apotheke, 47167 Duisburg, Lehrerstr. 5-7, Tel. 0203-99485-0, Fax 0203-9948511.
BEATES NATURLADEN, 72116 Mössingen, Falltor-Str. 80, Tel. 07473-272682, Fax 07473-272471.
* BRENNESSEL, 80799 München, Türkenstr. 60, Tel. 089-280303, Fax 089-2802049; 85354 Freising, Untere Hauptstr. 45, Tel. 08161-41999.
* CARLOTTA NATURA, 73312 Geislingen, Mühlstr. 24, Tel./Fax 07331-69518.
* COLIMEX Zentrale – Lagerverkauf, 50996 Köln, Ringstr. 46, Tel. 0221-352072, Fax 0221-352071; Auslieferungsläden: 32312 Lübbecke, Lange Str. 1, in Stern-Apotheke, Tel. 05741-7707, Fax 05741-40405; 33102 Paderborn, Bahnhofstr. 18, in St.-Christophorus-Drogerie, Tel. 05251-105213, Fax 05251-105252; 41812 Erkelenz, P.-Rüttchen-Str., im Kontra-Center, Tel. 02431-81071, Fax 02431-72674; 42105 Wuppertal, Rathaus-Galerie, Karlsplatz 3, Tel./Fax 0202-443988; 42853 Remscheid, Alleecenter, Allee-Str. 74, Tel./Fax 02191-927963; 46236 Bottrop, Poststr. 9; 47798 Krefeld, Ostwall 146, im Kräuterdepot, Tel. 02151-615648, Fax 02151-67482; 48529 Nordhorn, Hauptstr. 47, Tel. 05921-721072, Fax 05921-721021; 50171 Kerpen, Eingang Kaufhalle, Sindorfer Str./Philipp-Streicher-Str.; 50226 Frechen, Hauptstr. 99-103, Marktpassage; 50321 Brühl, Mühlenstr. 37, Tel./Fax 02232-47550; 50354 Hürth, Hürth-Park Einkaufszentrum, Theresienhöhe, Tel./Fax 02233-708538; 50667 Köln (City), Brüderstr. 7, Tel./Fax 0221-2580862; 50858 Köln, Rhein-Center Köln Weiden, Aachener Str. 1253, Tel./Fax 02234-709266; 51465 Bergisch Gladbach, Eingang Kaufhalle, Richard-Zanders-Str./Refrather Weg, Tel./Fax 02202-43103;. 51643 Gummersbach, Wilhelmstr. 7, in Vollkorn-Naturwarenhandel, Tel. 02261-64784, Fax 02261-64555; 52062 Aachen, Peterstr. 10, Tel./Fax 0241-30327; 52428 Jülich, Am Markt 2, in Parfümerie am Markt, Tel./Fax 02461-2580; 53111 Bonn, Brüdergasse 4, Tel./Fax 0228-659698; 53474 Bad Neuenahr, Kurgartenstr. 10, Tel. 02641-200051; 53721 Siegburg, Am Brauhof 4, Laden Nr. 2; 53797 Lohmar, bei Broich-Weber, Breitersteegsmühle 1, Tel. 02246-4245, Fax 02246-16418; 57462 Olpe, Bruchstr. 13, Tel./Fax 02761-5190; 94082 Passau, Am Schanzl 10, in Turm-Apotheke, Tel. 0851-33377, Fax 0851-32109; 95444 Bayreuth, Maxstr. 16, in Schloßapotheke, Tel. 0921-65767, Fax 0921-65777.
HELGAS HOBBY SHOP, 63584 Gründau, Gartenstr. 19, Tel. 06058-2135.
* HEXENKÜCHE, 82152 Krailling, Luitpoldstr. 25, Tel. 089-8593135, Fax 089-8593136.
HOBBYTEE PALIC, 63452 Hanau, Fahrstr. 14, Tel. 06181-256463.
* JANSON GmbH, 76133 Karlsruhe, Kaiserpassage 16, Tel. 0721-26410, Fax 0721-27780.
KOSMETIK-SHOP LAVENDULA, 49090 Osnabrück, Natruper Str. 128, Tel./Fax 0541-683472.
LAVITA, 84028 Landshut, Isargestadl 732, Tel. 0871-24424.
MCQUEENS NATURSHOP, 22880 Wedel, EKZ Rosengarten 6b, Tel. 04103-14950.
NATUR PUR, 06108 Halle, Schülershof 1, Tel. 0345-2032285.
NATUR UND HOBBYLADEN, Petra Stephan, 91710 Gunzenhausen, Strittstr. 4, Tel. 09831-8574, Fax 09831-8566.
NATURSTÜBCHEN, 45731 Waltrop, Kirchstr. 2b, Tel. 02309-72545.
* PURA NATURA, 90402 Nürnberg, Johannesgasse 55, Tel. 0911-209522.
* SPINNRAD GMBH/ZENTRALE, 45886 Gelsenkirchen, Am Luftschacht 3a, Tel. 0209-17000-0, Tx. 824726 natur d, Fax. 0209-17000-40; Auslieferungsläden: 01219 Dresden-Nickern, Kaufpark, Dohnaer Str 246, Tel. 0351-2882089; 04105 Leipzig, DLZ im Hauptbahnhof; 04329 Leipzig, Paunsdorf-Center, Paunsdorfer Allee 1, Tel. 0341-2518906; 06254 Günthersdorf, Saale Park, Tel. 03463-820803; 07743 Jena, Goethe Galerie/Goethestr., neben HV Jena Optik, Tel. 03641-890906; 09125 Chemnitz, Alt-Chemnitz Center, Annaberger-Str. 315, Tel. 0371-514226; 10247 Berlin, Frankfurter Allee 53, Tel. 030-4276161; 10719 Berlin-Wilmersdorf, Uhlandstr. 43-44, Tel. 030-8814848; 10789 Berlin, Europacenter/Breitscheidplatz, Tel. 030-2616106; 12163 Berlin-Steglitz, Forum Steglitz, Schloßstr. 1, Tel. 030-7911080; 12351 Berlin-Gropiusstadt, EKZ Gropius-Passagen, Johannisthaler Chaussee 295-327, Tel. 030-6030462; 12555 Berlin Köpenick, EKZ Forum, Bahnhofstr.; 12619 Berlin-Hellersdorf, Spree-Center, Hellersdorferstr. 79-81, Tel. 030-5612081; 13357 Berlin-Wedding, Gesundbrunnen-Center, Badstr./Brunnenstr./Brehmstr.; 15745 Wildau, A10-Center, Chaussee Str. 1, Tel. 03375-504696; 16303 Schwedt/Oder, Oder Center Schwedt, Landgrabenplatz 1, Tel. 03332-421942; 18055 Rostock, EKZ Rostocker Hof/Kröpeliner Str., Tel. 0381-4923281; 20146 Hamburg, Grindelallee 42, Tel. 040-4106096; 21335 Lüneburg, Grapengießer Str. 25, Fußgängerzone, Tel. 04131-406427; 22111 Hamburg-Billstedt, Billstedt-Center, Billstedter Platz, Tel. 040-73679808; 22143 Hamburg-Rahlstedt, Rahlstedt-Center, Schweriner-Str. 8-12, Tel. 040-6779044; 22765 Hamburg-Ottensen, Mercador-Center, Ottenser Hauptstr. 8, Tel. 040-392310; 22850 Norderstedt, Herold Center, Berliner Allee 38-44a, Tel. 040-52883730; 23552 Lübeck, Mühlenstr. 11, Tel. 0451-7063307; 24103 Kiel, Holstenstr. 34, Holstenbrücke, Ahlmann-Haus, Tel. 0431-978728; 24534 Neumünster, Marktpassage EKZ, Großflecken 51-53, Tel. 04321-41633; 24937 Flensburg, Große Str. 3, Tel. 0461-13761; 25524 Itzehoe, Holstein-Center, EKZ, Feldschmiedekamp 6, Tel. 04821-65106; 26122 Oldenburg, Gaststr. 26, Fußgängerzone, Tel. 0441-25493; 26382 Wilhelmshaven, Nordseepassage Bahnhofsplatz 1, Tel. 04421-455308; 26506 Norden, Neuer Weg 38, Fußgängerzone, Tel. 04931-992859; 27568 Bremerhaven, Bürgermeister-Schmidt-Str. 53, Fußgängerzone, Tel. 0471-44203; 27749 Delmenhorst, City Point/Karstadt, Lange Str. 96, Tel. 04221-129331; 28195 Bremen,

Bremer Carré, Obernstr. 67, Tel. 0421-1691932; 28203 Bremen, Ostertorsteinweg 42/43, Tel. 0421-3399043; 30159 Hannover, Georgstr. 7, Fußgängerzone, Tel. 0511-7000815; 30823 Garbsen, Nord-West-EKZ, im Realkauf, Tel. 05131-95769; 30853 Langenhagen, City-Center, neben City-Apotheke, Marktplatz 5, Tel. 0511-7242488; 30880 Laatzen, Leine EKZ, Marktplatz 2, Tel. 0511-8236700; 31134 Hildesheim, Angoulemeplatz 2, Fußgängerzone, Tel. 05121-57311; 32052 Herford, Lübbestr. 12-20, Fußgängerzone, Tel. 05221-529654; 32423 Minden, Bäckerstr. 72, Ende Fußgängerzone, Tel. 0571-87580; 32756 Detmold, Lange Str. 32, Tel. 05231-37695; 33098 Paderborn, EKZ/Königsplatz 12, Fußgängerzone, Tel. 05251-281759; 33330 Gütersloh, Münsterstr. 6, Tel. 05241-237071; 33602 Bielefeld, Marktpassage/EG, Bahnhofstr., Tel. 0521-66152; 34117 Kassel, Untere Königstr. 52; Fußgängerzone, Tel. 0561-14339; 35390 Gießen, Kaplansgasse 2-4, Tel. 0641-792393; 35576 Wetzlar, Langgasse 39, Tel. 06441-46952; 36037 Fulda, City-Haus/Laden 6, Bahnhofstr. 4, Tel. 0661-240638; 37073 Göttingen, Gronerstr. 57/58, Tel. 0551-44700; 38100 Braunschweig, Sack 2; 38100 Braunschweig, Vor der Burg 8, Fußgängerzone Innenstadt, Tel. 0531-42032; 38440 Wolfsburg, Südkopfcenter, Porschestr.102, Tel. 05361-15004; 38640 Goslar, Kaiserpassage, Breite Str. 98, Tel. 05321-43963; 39104 Magdeburg, City Carré, Bahnhofstr.; 39326 Hermsdorf, Elbe Park EKZ, Tel. 039206-52207; 40212 Düsseldorf, Schadowstr. 80, Tel. 0211-357105; 40217 Düsseldorf, Friedrichstr. 12; 40721 Hilden, Bismarckpassage, zwischen Mittelstr. und Warington-Platz, Tel. 02103-581937; 40878 Ratingen, Oberstr. 29, Fußgängerzone, Tel. 02102-993801; 41061 Mönchengladbach, Hindenburgstr. 173, Fußgängerzone, Tel. 02161-22728; 41236 Mönchengladbach-Rheydt, Galerie am Marienplatz, Stresemannstr. 1-7, Tel. 02166-619739; 41460 Neuss, Oberstr./Ecke Zollstr., Fußgängerzone, Tel. 02131-276708; 41539 Dormagen, Kölner Str. 98, Rathaus-Galerie, Tel. 02133-49045; 41747 Viersen, Hauptstr. 85, Fußgängerzone, Tel. 02162-350549; 42103 Wuppertal-Elberfeld, Herzogstr. 28, Fußgängerzone, Tel. 0202-441281; 42275 Wuppertal-Barmen, Alter Markt 7, Am Kaufhof, Tel. 0202-551753; 42551 Velbert, Friedrichstr. 168, Fußgängerzone, Tel. 02051-52727; 42651 Solingen, Hauptstr. 28, Fußgängerzone, Tel. 0212-204041; 42853 Remscheid, Alleestr. 30, Fußgängerzone, Tel. 02191-420867; 44135 Dortmund, Lütge-Brück-Str. 12, Ecke Bissenkamp, Tel. 0231-578936; 44532 Lünen, Lange Str. 32; 44575 Castrop-Rauxel, EKZ Widumer Platz, Tel. 02305-27215; 44623 Herne, Bahnhofstr. 45, Fußgängerzone/Ecke Neustr., Tel. 02323-53021; 44787 Bochum, Kortumstr. 33, Fußgängerzone, Tel. 0234-66123; 44791 Bochum, Ruhrpark Shopping Center, Tel. 0234-238516; 44801 Bochum, Uni-Center, Querenburger Str., Tel. 0234-708678; 45127 Essen, City-Center, Porscheplatz 21, Tel. 0201-221295; 45276 Essen-Steele, Bochumer Str. 16, Fußgängerzone, Tel. 0201-512104; 45329 Essen-Altenessen, EKZ Altenessen, Altenessener Str. 411, Tel. 0201-333617; 45468 Mühlheim, Forum City, Hans-Böckler-Platz 10, Tel. 0208-34907; 45472 Mülheim, Rhein-Ruhr-Zentrum, Eingang Süd Z1, Tel. 0208-498192; 45525 Hattingen, Obermarkt 1, Fußgängerzone, Tel. 02324-55691; 45657 Recklinghausen, Kunibertistr. 28, Am Kuni-Tor, Fußgängerzone, Tel. 02361-24194; 45768 Marl, EKZ Marler Stern, Obere Ladenstr. 68, Tel. 02365-56429; 45879 Gelsenkirchen, Klosterstr. 13, Tel. 0209-208963; 45897 Gelsenkirchen-Buer, Horsterstr. 4, Tel. 0209-398889; 45964 Gladbeck, Hochstr. 29-31, Fußgängerzone, Tel. 02043-21293; 46047 Oberhausen, CentrO, CentrOallee 150, Neue Mitte Oberhausen, Tel. 0208-21970; 46049 Oberhausen, Bero-Center 110, Eingang Nord 1, Tel. 0208-27065; 46236 Bottrop, Kirchplatz 4, Fußgängerzone, Tel. 02041-684484; 46282 Dorsten, Recklinghäuserstr. 4, Tel. 02362-45748; 46397 Bocholt, Osterstr. 51, Fußgängerzone, Tel. 02871-186024; 46483 Wesel, Hohe Str. 26, Fußgängerzone, Tel. 0281-34794; 46535 Dinslaken, Neustr. 31-33, Tel. 02064-72328; 47051 Duisburg, Königstr. 42, Fußgängerzone, Tel. 0203-284497; 47441 Moers, EKZ Neumarkt-Eck, am Rathaus, Tel. 02841-23771; 47798 Krefeld, Hansa Zentrum 42/43, am Hauptbahnhof, Tel. 02151-395635; 47798 Krefeld, Neumarkt 2, Tel. 02151-22547; 48143 Münster, Ludgeristr. 114, Tel. 0251-42352; 48282 Emsdetten, EKZ mit Kino, Bahnhofstr. 2-8, Tel. 02572-88447; 48431 Rheine, Münsterstr. 6, Fußgängerzone, Tel. 05971-13548; 48653 Coesfeld, Schüppenstr. 12, Tel. 02541-82747; 49074 Osnabrück, Große Str. 84-85, Neue Passage, Tel. 0541-201373; 50672 Köln, Bazaar de Cologne/Mittelstr. 12-14, Tel. 0221-256606; 50678 Köln-Südstadt, Severinstr. 53, Tel. 0221-3100018; 50765 Köln, City Center Chorweiler, Mailänder Passage 1, Tel. 0221-7088940; 50823 Köln-Ehrenfeld, Venloerstr. 336, Tel. 0221-5103342; 51373 Leverkusen, Hauptstr. 73, Fußgängerzone, Tel. 0214-403131; 51643 Gummersbach, Wilhelmstr. 7, Vollkorn Naturwaren, Tel. 02261-64784; 52062 Aachen, Rethelstr. 3, Ecke Büchel, am Markt, Tel. 0241-25254; 52062 Aachen, Adalbertstr. 110, Tel. 0241-20453; 52072 Siegen, Marburger Str. 34, Tel. 0271-54540; 52222 Stolberg, Rathausgalerie, Steinweg 83-89, Tel. 02402-21245; 52249 Eschweiler, Grabenstr. 66, Fußgängerzone, Tel. 02403-15286; 52349 Düren, Josef-Schregel-Str. 48, Tel. 02421-10082; 53111 Bonn, Poststr. 4, am Hauptbahnhof, Tel. 0228-636667; 53177 Bonn Bad Godesberg, Theaterplatz 2, Tel. 0228-351075; 53757 St. Augustin, Huma EKZ, Rathausallee 16, Tel. 02241-27040; 53879 Euskirchen, Kino-Center-Galeria, Berliner Str./Ecke Kapuziner Str., Tel. 02251-782191; 54290 Trier, Fleischstr. 11, Fußgängerzone, Tel. 0651-48237; 55116 Mainz-Altstadt, Kirschgarten 4, Tel. 06131-228141; 55116 Mainz, Lotharstr. 9, Fußgängerzone, Tel. 06131-238373; 56068 Koblenz, Löhrstr. 16-20, Fußgängerzone, Tel. 0261-14925; 56564 Neuwied, Langendorfer Str. 111, Fußgängerzone, Tel. 02631-357661; 58095 Hagen, Elberfelderstr. 64, Tel. 02331-17438; 58452 Witten, Bahnhofstr. 38, Fußgängerzone, Tel. 02302-275122; 58511 Lüdenscheid, EKZ Stern Center/Eingang Altenaer Str., Tel. 02351-22907; 58636 Iserlohn, Alter Rathausplatz 7, Tel. 02371-23296; 59065 Hamm, Bahnhofstr. 1c, Tel. 02381-20245; 59174 Ramen, Weststr. 16; 59227 Ahlen, Oststr. 44, Fußgängerzone, Tel. 02382-806677; 59555 Lippstadt, Lippe-Galerie/Eingang Kahlenstr./Langestr., Tel. 02941-58332; 60311 Frankfurt, Kaiserstr. 11, Tel. 069-291481; 60439 Frankfurt, Nord-West-Zentrum, Tituscorsostr. 2b, Tel. 069-584800; 63065 Offenbach, Herrenstr. 37, Fußgängerzone, Tel. 069-825648; 63739 Aschaffenburg, City-Galerie, Goldbachstr. 2, Tel. 06021-12662; 64283 Darmstadt, Wilhelminenpassage, Tel. 06151-22078; 64283 Darmstadt, Wilhelminenstr. 2, Fußgängerzone, Tel. 06151-294525; 65183 Wiesbaden, Mauritius Galerie 2, Tel. 0611-378166; 65549 Limburg, Bahnhofstr. 4; 66111 Saarbrücken, Dudweilerstr. 12, Tel. 0681-3908994;

66424 Homburg/Saar, Saarpfalz-Center, Talstr. 38a, Tel. 06841-5351; 67059 Ludwigshafen, Bismarckstr. 106, Fußgängerzone, Tel. 0621-526664; 67547 Worms, Obermarkt 12, Obermarkt/Hafergasse, Tel. 06241-88462; 67655 Kaiserslautern, Pirmasenser Str. 8, Fußgängerzone, Tel. 0631-696114; 68159 Mannheim, Kurpfalzpassage, Tel. 0621-154662; 69115 Heidelberg, „Das Carée", Rohrbacherstr. 6-8d, Tel. 06221-166825; 70173 Stuttgart, Lautenschlagerstr. 3, am Hauptbahnhof, Tel. 0711-291469; 70372 Stuttgart-Bad Cannstatt, Bahnhofstr. 1-5, Fußgängerzone, Tel. 0711-562113; 71084 Böblingen, Kaufzentrum, Sindelfinger Allee, Tel. 07031-233664; 71638 Ludwigsburg, Marstall-Center, Fußgängerzone, Tel. 07141-902879; 72070 Tübingen, Kirchgasse 2, Fußgängerzone, Tel. 07071-52571; 72764 Reutlingen, Metzgerstr. 4, Tel. 07121-320415; 73430 Aalen, Marktplatz 20, Tel. 07361-66543; 73728 Esslingen, Roßmarkt 1, Fußgängerzone, Tel. 0711-350199; 73733 Esslingen, Neckar-Center, Weilstr. 227, Tel. 0711-386905; 74072 Heilbronn, Sülmerstr. 34, Fußgängerzone, Tel. 07131-962138; 75172 Pforzheim, Bahnhofstr. 10, Tel. 07231-353071; 76133 Karlsruhe, Kaiserstr. 170, Tel. 0721-24845; 76829 Landau, Rathausplatz 10, Fußgängerzone, Tel. 06341-85818; 77652 Offenburg, Steinstr. 28, Fußgängerzone, Tel. 0781-1665; 78050 Villingen-Schwenningen, Niedere Str. 37, Tel. 07721-32575; 78224 Singen, Scheffelstr. 9, Fußgängerzone, Tel. 07731-68642; 78462 Konstanz, Hussenstr. 24, Fußgängerzone, Tel. 07531-15329; 78532 Tuttlingen, Hecht Carré, Königstr. 2, Fußgängerzone Marktplatz, Tel. 07461-76961; 79098 Freiburg, Oberlindenpassage, Herrenstr. 49, Tel. 0761-381213; 80331 München, Assamhof, Sendlingerstr. 66, Tel. 089-264159; 80797 München-Nordbad, Schleißheimer Str. 100/Ecke Görrestr., Tel. 089-1238685; 83022 Rosenheim, Stadtcenter/Kufsteiner Str. 7/Brixstr., Tel. 08031-33536; 83278 Traunstein, Maxstr. 33, Tel. 0861-69506; 85057 Ingolstadt, Am West Park 6, Nähe Klinikum, Tel. 0841-87822; 86150 Augsburg, Viktoriapassage, Bahnhofstr. 26-30, Tel. 0821-155482; 87435 Kempten, Fischersteige 4, Tel. 0831-24503; 88212 Ravensburg, Eisenbahnstr. 8, Tel. 0751-14489; 89073 Ulm, Neue Str. 93, Tel. 0731-60909; 89077 Ulm, Blautal Center, Blaubeurer Str. 95; 89231 Neu Ulm, Mutschler Center, Borsigstr. 15, Tel. 0731-723023; 90402 Nürnberg, Grand Bazar, Karolinenstr. 45/Ecke Krebs- und Brunnengasse, Tel. 0911-232533; 90403 Nürnberg, Pfannenschmiedgasse 1, Fußgängerzone, Tel. 0911-2448834; 90762 Fürth, City-Center, Alexanderstr. 11, Tel. 0911-773663; 91054 Erlangen, Hauptstr. 46, Tel. 09131-201043; 91126 Schwabach, Königstr. 2, Fußgängerzone, Tel. 09122-16849; 92637 Weiden, Mooslohstr. 123, Tel. 0961-27710; 93047 Regensburg, Maximilianstr. 14, Fußgängerzone, Tel. 0941-51150; 95028 Hof, Ludwigstr. 47, Tel. 09281-3641; 96052 Bamberg, EKZ Atrium, Ludwigstr. 2, Tel. 0951-202588; 96450 Coburg, Steinweg 24, Fußgängerzone, Tel. 09561-99414; 97070 Würzburg, Kaiserstr. 16, Tel. 0931-15608; 99085 Erfurt, Thüringen Shopping Park, Nordhäuser Str. 7b, Tel. 0361-7462048.
STEPHAN, 59755 Arnsberg, Mendenerstr. 14, Tel. 02932-25000.

In der Schweiz:
*DROGERIE LEHNER, CH- 3097 Liebefeld, Kirchstr. 15, Tel. 0041-31-9714612; Fax 0041-31-9725309.
*INTERWEGA Handels GmbH, CH-8863 Buttikon, Kantonsstr. 125, Tel. 0041-55-4441854, Fax 0041-55-4442477.

Die mit * gekennzeichneten Firmen betreiben auch Versandhandel. Einige Substanzen erhalten Sie auch in Reformhäusern, Drogerien, Apotheken, Bioläden und Lebensmittelläden. Vergleichen Sie die Preise!

Hinweis:
Autoren und Verlag bemühen sich, in diesem Verzeichnis nur Firmen zu nennen, die hinsichtlich der Substanzen und Preise zuverlässig und günstig sind. Trotzdem kann eine Gewährleistung von Autoren und Verlag nicht übernommen werden. Irgendwelche Formen von gesellschaftsrechtlicher Verbindung, Beteiligung und/oder Abhängigkeit zwischen Autoren und Verlag einerseits und den hier aufgeführten Firmen andererseits existieren nicht.